웹툰 중국어

나의 아름다운 이웃

我的美邻 **2**

다락원

▶ 들어가는 말

M Mandarin 앱은 2018년 온라인 중국어 학습 웹툰《我的美邻(나의 아름다운 이웃)》을 출시하여, 전 세계 10만 중국어 학습자의 주목을 받았습니다. 그리고 드디어 중국어 학습을 대표하는 출판사 다락원과의 제휴를 통해 한국에서 '웹툰 중국어'라는 이름으로 본 교재를 출간하게 되었습니다.

1권에 이어 두 번째로 여러분과 만나게 된《웹툰 중국어_나의 아름다운 이웃 2》는 본문 총 18과로 구성되어 있습니다. 초급~초중급 단계에 해당하며, HSK 2~3급에 해당하는 초급 어휘 및 어법 내용을 바탕으로 설계되었습니다.

본 교재는 젊은이들의 사랑·우정·도시 생활과 관련된 하나의 스토리를 웹툰으로 구성하여, 한 편의 재미있는 드라마를 보는 듯한 느낌을 줍니다. 단계별로 구성된《웹툰 중국어》시리즈를 통해, 학습자는《我的美邻(나의 아름다운 이웃)》의 결말을 함께할 수 있습니다. 이외에도, 본 교재에 등장하는 대화 장면은 HSK(한어수평고시)와 미국의 ACTFL(미국 외국어교육위원회) 대강(大綱)을 참고하여 전문적인 중국어 학습을 가능하게 했습니다. 교재의 모든 대화 장면은 중국의 공공시설·편의점·맛집·각종 브랜드의 카페 그리고 다양한 음식과 전통 예술을 수준별로 담아냈습니다. 중국어를 처음 배우는 학습자가 본 교재의 생생한 대화 장면을 통해 좀 더 생동적이고 실질적인 학습을 할 수 있을 거라 믿습니다.

본 교재는 'M Mandarin 웹툰 중국어 앱(APP)'과 함께 사용하시는 것을 권장합니다. M Mandarin 웹툰 중국어 앱은 자체 제작 웹툰으로 채운 몰입형 중국어 학습 플랫폼입니다. 교재 내의 모든 본문은 앱의 웹툰 영상·문장 따라 읽기·어휘 및 쓰기 학습·문법 강의 영상·연습 문제 및 문화 체험 라디오 부분을 함께 이용할 때 더욱 큰 학습 효과를 누릴 수 있습니다.

이 앱은 실제 중국어 교수의 수업 방식 분석을 바탕으로 다양한 기능(듣기·말하기·읽기·쓰기·연습문제·더빙 등)을 제공합니다. 웹툰을 볼 때 사용자는 드라마 버전과 표준 중국어 버전 두 가지의 더빙을 들을 수 있고, 따로 마련된 라이브 채널에서는 해당 단원의 학습 포인트와 그와 관련된 중국 문화를 배울 수 있습니다. '상호 소통' 교재가 부족한 현재의 중국어 교육 시장에, 본 교재와 M Mandarin 앱의 상호 교환 학습이 중국어 학습의 새로운 대안점이 되길 바랍니다.

마지막으로, 언제나 M Mandarin을 사랑해 주시고 지지해 주시는 학습자분들께 온 마음을 다해 감사의 말씀을 전합니다. 만약 앱과 교재 사용 중 궁금한 점이 생기시면, M Mandarin으로 여러분의 소중한 의견을 보내 주세요. 본 교재와 함께 즐겁고 알찬 중국어 학습이 되길 바랍니다!

窦敬壹, 주민경, 周鼎

차례

『웹툰 중국어_나의 아름다운 이웃 2』는 본문 총18과로 구성되어 있습니다.

본 교재는 개발 단계부터 전용 학습 APP과 함께 학습할 수 있는 교재로 기획되었습니다. 지면 학습 이상의 적극적인 중국어 학습을 원하는 학습자는 〈웹툰 중국어 APP〉을 함께 구매하시면 본 교재와 함께 더욱 다양하고 재미있는 온라인 중국어 학습 콘텐츠를 즐길 수 있습니다.

| 교재 구성 |

본서   +   유료 학습 APP

본서

QR코드를 찍으면 〈웹툰 중국어 APP〉 학습 페이지로 이동합니다.
(2화, 8화 무료 체험 학습 가능)

도입
웹툰 미리보기와 그 과에서 배우게 될 학습 포인트를 제시합니다.

웹툰 보기

웹툰 '나의 아름다운 이웃'입니다. 웹툰을 보며 스토리를 유추하고, 하단의 한글 해석을 보고 내용을 확인하세요.
원어민의 중국어 발음을 반복해서 들으며 귀에 익히고, 말풍선 안의 대사를 실감 나게 따라 말하며 연습해 보세요.

SCENE

웹툰 속 대사를 한눈에 보기 쉽게 정리했습니다. 한어병음으로 발음을 익히고, 중국어를 한 글자씩 예쁘게 따라 써 보세요.
웹툰의 각 장면을 떠올리며 문장을 익히면 더 효율적인 학습 효과를 얻을 수 있습니다.

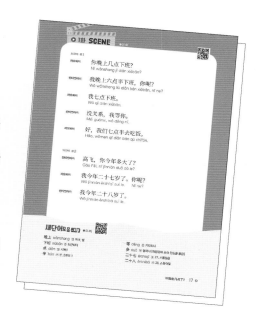

새단어 모음.zip

이 과의 새로 나온 단어입니다. 반복해서 듣고, 읽고, 써 보면서 단어를 익혀 보세요.

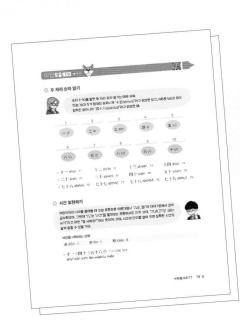

어법 모음.zip

이 과의 핵심 표현과 어법을 설명합니다. 중국어의 문장 구조를 이해하고, 예문을 통해 다양한 활용법을 익혀 보세요. MP3를 듣고 예문을 정확한 발음으로 따라 읽어 보세요.

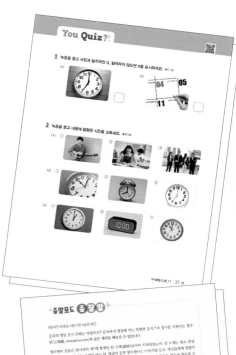

You Quiz?!

사진과 삽화로 구성된 재미있는 문제를 풀며 학습한 내용을
정확히 이해했는지 확인해 보세요. 듣기 문제는 반복해서 들
으며 정확한 발음과 표현을 익히고, 다양한 유형의 단계별 문
제 풀이를 통해 중국어능력시험인 HSK도 적극적으로 준비해
보세요.

중알못도 중잘알

중국을 알지 못하는 사람도 중국을 잘 알게 되는 중국 문화 이
야기. 한 나라의 문화를 이해하면 그 나라의 언어를 습득하는
데 많은 도움이 됩니다. 중국은 어떤 나라일까? 알 듯 말 듯
한 문화 이야기를 읽고, 중국이란 나라를 이해하며 학습 의욕
을 다져 보세요.

정답&녹음대본

'체크체크'와 'You Quiz?!' 문제의 정답을 확인할 수 있습니다. 정답
옆에는 친절히 우리말 해석을 달았습니다. 듣기 문제의 녹음대본을
확인하고, 자신의 듣기 능력도 점검해 봅니다.

MP3 다운로드

- 교재 페이지마다 MP3 음원의 트랙 번호가 기재되어 있습니다.
- MP3 음원은 다락원 홈페이지(www.darakwon.co.kr)에서 무료로 다운로드할 수 있습니다.
- 스마트폰으로 QR 코드를 스캔하면 MP3 다운로드 및 실시간 재생 가능한 페이지로 바로 연결됩니다.

 별도 판매

웹툰 중국어 APP

- ▶ 웹툰 화면에서 말풍선을 누르면 중국인의 음성이 바로 재생됩니다.
- ▶ 단어 학습을 누르면 중국인의 발음이 재생되고, 연습문제를 풀어볼 수 있습니다.
- ▶ 강의 학습을 누르면 선생님의 친절한 어법 강의를 들을 수 있습니다.
- ▶ 연습문제를 누르면 다양한 유형의 문제를 풀어볼 수 있습니다.
- ▶ 중국어 따라 쓰기, 내 발음 녹음하기 등 다양한 학습 기능이 있습니다.

M Mandarin 웹툰 중국어 APP과 함께
즐거운 **중국어 학습 여행** 떠나기!

웹툰 중국어 앱에 로그인하여
풍성한 온라인 학습 콘텐츠를 즐겨 보세요!

웹툰 중국어 APP
다운로드 하기

웹툰 중국어 APP
구매하기

 "교재와 연계 학습이 가능한
웹툰 중국어 APP을 이용하면
더욱 풍성한 중국어 학습이
가능해 집니다."

혁신적인 **양방향 웹툰 중국어 학습 플랫폼** | 언제 어디서나 **편리하게** |
내게 **필요한 내용**을 내가 **원하는 만큼만** 공부하고 | 내 **학습 기록이 저장되는**
나만의 중국어 공간 | 지금껏 경험해 보지 못한 **새로운 중국어 콘텐츠**

웹툰 중국어 APP의 특별한 기능
모의고사 테스트 · 한자 쓰기 · 웹툰 영상 보기 · 어법 동영상 강의 · 내 발음 더빙연습 ·
연습문제 · 회원 커뮤니티

※ 다락원 홈페이지에서 '웹툰 중국어 나의 아름다운 이웃'을 검색하면 〈관련
자료〉에서 '웹툰 중국어 APP 사용설명서'를 다운로드할 수 있습니다.

까오페이 高飞
남, 27세, 중국인
광고 회사에서 근무하는
평범한 광고 디자이너

리위 李雨
여, 25세, 중국인
까오페이의 동료,
비서

샤오씽 小星
여, 15세, 중국인
까오페이의 사촌 여동생

리따리 李大力
남, 26세, 미국인
까오페이의 동료,
고문 변호사

찐쭝밍 金中明
남, 26세, 태국인
까오페이의 동료,
마케팅 담당

린티엔아이 林天爱
여, 28세, 중국인
대외적으로는 까오페이의 이웃이자
같은 건물에서 일하는 치과의사지만
비밀이 많아 보이는 인물

리우씽위 刘星语
린티엔아이의 동료

이자애 李子爱
까오페이 회사의 한국어 선생님

장슈런 张书人
까오페이 회사의 사장님

관리자와 경비원 管理者&保安
까오페이 회사의
건물 관리자와 경비원

국장 局长
밀수, 밀매업자 단속 경찰이자
린티엔아이의 상사

쿠키/빙깐 Cookie/饼干
까오페이가 키우는 강아지

▶ 일러두기

● 지명과 인명은 현지의 발음을 우리말로 표기했습니다. 단, 우리에게 이미 널리 알려진 고유명사는 익숙한 발음으로 표기했습니다.

예 北京 베이징　　高飞 까오페이　　长城 만리장성

● 품사는 다음과 같이 약자로 표기했습니다.

명사	명	형용사	형	접속사	접
고유명사	고유	부사	부	감탄사	감
동사	동	수사	수	조사	조
조동사	조동	양사	양	수량사	수량
대명사	대	개사	개	성어	성

● 『현대한어사전(现代汉语词典)』에서는 '学生'의 성조를 'xué·shēng'으로 표기했으나, 이 책은 원작에 기준하여 'xuésheng'으로 표기했습니다.

现在几点了?

Xiànzài jǐ diǎn le?

APP 학습

함께하는 아침 출근길,
그들의 출퇴근
시간은 언제일까?

1화 미리보기 ▼

까오페이와 린티엔아이는 출근길에 서로의 퇴근 시간을 묻고 저녁 약속을 잡는다.
드디어 D-day, 그들의 데이트는 성사될 수 있을까?

학습 포인트

시간 묻고 답하기 | 나이를 묻는 여러 가지 표현

> Nǐ wǎnshang jǐ diǎn xiàbān?
> 你晚上几点下班?

> Wǒ wǎnshang liù diǎn bàn xiàbān, nǐ ne?
> 我晚上六点半下班，你呢?

> Wǒ qī diǎn xiàbān.
> 我七点下班。

> Méi guānxi, wǒ děng nǐ.
> 没关系，我等你。

> Hǎo, wǒmen qī diǎn bàn qù chīfàn.
> 好，我们七点半去吃饭。

까오페이	저녁 몇 시에 퇴근해요?
린티엔아이	전 저녁 여섯 시 반에 퇴근해요. 당신은요?
까오페이	전 일곱 시에 퇴근해요.
린티엔아이	괜찮아요. 제가 기다릴게요.
까오페이	좋아요. 우리 일곱 시 반에 밥 먹으러 가요.

▶▶▶

린티엔아이	까오페이, 올해 몇 살이에요?
까오페이	전 올해 스물일곱 살이에요. 당신은요?
린티엔아이	전 올해 스물여덟 살이에요.
까오페이	생일은 몇 월 며칠이에요?
린티엔아이	제 생일은 11월 15일이에요.
리우씽위	지금 몇 시예요?
까오페이	아홉 시 반이에요.

晩上见！
Wǎnshang jiàn!

▶ 1화 SCENE ● 01-01

SCENE #1

까오페이 你晚上几点下班?
Nǐ wǎnshang jǐ diǎn xiàbān?

린티엔아이 我晚上六点半下班，你呢?
Wǒ wǎnshang liù diǎn bàn xiàbān, nǐ ne?

까오페이 我七点下班。
Wǒ qī diǎn xiàbān.

린티엔아이 没关系，我等你。
Méi guānxi, wǒ děng nǐ.

까오페이 好，我们七点半去吃饭。
Hǎo, wǒmen qī diǎn bàn qù chīfàn.

SCENE #2

린티엔아이 高飞，你今年多大了?
Gāo Fēi, nǐ jīnnián duō dà le?

까오페이 我今年二十七岁了。你呢?
Wǒ jīnnián èrshíqī suì le.　Nǐ ne?

린티엔아이 我今年二十八岁了。
Wǒ jīnnián èrshíbā suì le.

새단어모음.ZIP ● 01-02

晚上 wǎnshang 몡 저녁, 밤
下班 xiàbān 동 퇴근하다
点 diǎn 양 시(時)
半 bàn ㉔ 반, 2분의 1

等 děng 동 기다리다
多 duō 閉 얼마나 [의문문에 쓰여 정도를 물음]
二十七 èrshíqī ㉔ 27, 스물일곱
二十八 èrshíbā ㉔ 28, 스물여덟

까오페이　你的生日是几月几号?
Nǐ de shēngrì shì jǐ yuè jǐ hào?

린티엔아이　我的生日是11月15号。
Wǒ de shēngrì shì shíyī yuè shíwǔ hào.

리우씽위　现在几点了?
Xiànzài jǐ diǎn le?

까오페이　九点半了。
Jiǔ diǎn bàn le.

SCENE #3

까오페이　晚上见!
Wǎnshang jiàn!

生日　shēngrì　몡 생일
十一　shíyī　㊅ 11, 열하나
十五　shíwǔ　㊅ 15, 열다섯

두 자리 숫자 읽기

숫자 1~10을 알면 두 자리 숫자 읽기는 매우 쉬워.
15는 10과 5가 합쳐진 숫자니까 '十五(shíwǔ)'라고 읽으면 되고, 48은 40과 8이
합쳐진 숫자니까 '四十八(sìshíbā)'라고 읽으면 돼.

1	2	3	4	5
一 yī	二 èr	三 sān	四 sì	五 wǔ

6	7	8	9	10
六 liù	七 qī	八 bā	九 jiǔ	十 shí

- 十一 shíyī 11
- 十二 shí'èr 12
- 十三 shísān 13
- 十四 shísì 14
- 二十 èrshí 20
- 三十 sānshí 30
- 四十 sìshí 40
- 五十 wǔshí 50
- 七十六 qīshíliù 76
- 七十七 qīshíqī 77
- 七十八 qīshíbā 78
- 七十九 qīshíjiǔ 79

시간 표현하기

어린아이의 나이를 물어볼 때 쓰는 표현으로 의문대명사 '几(jǐ, 몇)'에 대해 1권에서 같이
공부했었어. 그런데 '几'는 '시간'을 물어보는 표현에서도 자주 쓰여. "几点了?(jǐ diǎn
le?)"라고 하면 "몇 시예요?"라는 뜻이야. 이때, 시간의 단위를 알아 두면 정확한 시간도
쉽게 말할 수 있을 거야.

시간을 나타내는 단위

点 diǎn 시   分 fēn 분   秒 miǎo 초

- 十一点四十分五十六秒 11시 40분 56초
  shíyī diǎn sìshí fēn wǔshíliù miǎo

- **A** 你几点上课? 너는 몇 시에 수업하니?
  Nǐ jǐ diǎn shàngkè?

- **B** 我七点半上课。 나는 7시 반에 수업해.
  Wǒ qī diǎn bàn shàngkè.

- **A** 你每天几点运动? 당신은 매일 몇 시에 운동해요?
  Nǐ měitiān jǐ diǎn yùndòng?

- **B** 我每天早上八点运动。 저는 매일 아침 8시에 운동해요.
  Wǒ měitiān zǎoshang bā diǎn yùndòng.

▶ '几'와 '多大'를 사용해 나이 묻기

중국에서 나이를 물어볼 때는 상대방의 나이에 따라 표현이 달라져. 10세 이하의 어린아이에게 나이를 물어볼 때는 의문대명사 '几(jǐ)'를 쓰고, 상대방이 학생 또는 성인이거나 나와 비슷한 나이일 때는 '几' 대신 '多大(duō dà)'를 쓰면 돼.

원래 '多+형용사' 구문은 '얼마나 ~한가'를 묻는 표현이거든. '多' 뒤에 '大(dà)'를 붙여서 나이가 '얼마나 많은지'를 물어보는 표현이 되는 거야. 자, 정리해 보자! 10세 이하의 어린아이에게는 '几岁(了)?', 나와 나이가 비슷하거나 성인에게는 '多大(了)?'라고 묻는 것 꼭 기억하기!

- **A** 你女儿多大了? 따님은 몇 살인가요?
  Nǐ nǚ'ér duō dà le?

- **B** 我女儿二十岁了，她在上大学。 제 딸은 스무 살이에요. 대학에 다녀요.
  Wǒ nǚ'ér èrshí suì le, tā zài shàng dàxué.

- **A** 李老师，您多大了? 리 선생님, 나이가 어떻게 되세요?
  Lǐ lǎoshī, nín duō dà le?

- **B** 我三十五岁了。 저는 서른다섯 살입니다.
  Wǒ sānshíwǔ suì le.

> **Tip Tip**
> 연세가 지긋하신 어른에게 나이를 묻는 표현도 알아 두자.
> - 您今年多大年纪了?
>   Nín jīnnián duō dà niánjì le?
>   어르신, 올해 연세가 어떻게 되세요?

 레벨업단어 ▶ 01-04

上课 shàngkè 통 수업하다 | 每天 měitiān 명 매일 | 运动 yùndòng 통 운동하다 명 운동 | 女儿 nǚ'ér 명 딸 | 年纪 niánjì 명 나이, 연령

You Quiz?!

1 녹음을 듣고 사진과 일치하면 O, 일치하지 않으면 X를 표시하세요. ●01-05

(1)

(2)

2 녹음을 듣고 내용에 알맞은 사진을 고르세요. ●01-06

(1) ①    ②    ③

(2) ①    ②    ③

(3) ①    ②    ③

3 녹음을 듣고 질문에 알맞은 답을 고르세요. ◉01-07

(1) ① 九点半 jiǔ diǎn bàn

② 六点半 liù diǎn bàn

③ 九点 jiǔ diǎn

☐

(2) ① 他们明天早上8点见面。
Tāmen míngtiān zǎoshang bā diǎn jiànmiàn.

② 他们明天晚上8点半见面。
Tāmen míngtiān wǎnshang bā diǎn bàn jiànmiàn.

③ 他们今天晚上8点半见面。
Tāmen jīntiān wǎnshang bā diǎn bàn jiànmiàn.

☐

(3) ① 五岁 wǔ suì

② 六岁 liù suì

③ 七岁 qī suì

☐

4 제시된 문장과 어울리는 사진을 고르세요.

(1) A 你今年多大了？ Nǐ jīnnián duō dà le?
B 我今年十五岁了。 Wǒ jīnnián shíwǔ suì le.

①  ②  ③

(2)

A 他的生日是几月几号？ Tā de shēngrì shì jǐ yuè jǐ hào?

B 他的生日是六月八号。 Tā de shēngrì shì liù yuè bā hào.

5 그림의 상황과 어울리지 않는 내용을 바르게 고쳐 보세요.

(1)

高飞早上八点二十分坐地铁。

Gāo Fēi zǎoshang bā diǎn èrshí fēn zuò dìtiě.

→

(2)

你今年几岁了？

Nǐ jīnnián jǐ suì le?

→

(3)

高飞和小狗每天晚上六点半运动。

Gāo Fēi hé xiǎo gǒu měitiān wǎnshang liù diǎn bàn yùndòng.

→

6 다음 메신저 질문에 중국어로 답해 보세요.

까오페이의 생일날 준비한
서프라이즈 파티!

2화 미리보기 ▼

퇴근 준비를 하던 까오페이에게 회사 동료들이 깜짝 생일 파티를 열어준다. 생일날 린티엔아이와 단둘이 데이트를 하려던 까오페이의 계획은 동료들의 방해로 물거품이 되는데……

👤 **학습 포인트**

축하하기 ∣ 사과하기

▶ 2화 祝你生日快乐!

Zhù nǐ shēngrì kuàilè! 생일 축하합니다!

> Wǔshíbā, wǔshíjiǔ, liùshí!
> 58, 59, 60!

> Qī diǎn le, xiàbān le!
> 七点了，下班了!

까오페이	58, 59, 60!
	일곱 시다, 퇴근해야지!

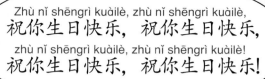

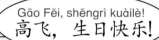

동료들	♬생일 축하합니다. 생일 축하합니다. 생일 축하합니다. 생일 축하합니다!
리위	까오페이, 생일 축하해요!
까오페이	고마워요!

▶▶▶

린티엔아이   까오페이, 저 들어가도 되나요?
까오페이   들어오세요. 이쪽은 린티엔아이예요.
린티엔아이   여러분 안녕하세요. 만나서 반가워요.
찐쫑밍   너희 데이트 있어? 나도 가고 싶은데.
리위   나도 갈래요.
까오페이   곤란한데.

린티엔아이	괜찮아요. 모두 같이 가요.
까오페이	미안해요.
린티엔아이	다들 정말 친절하시네요.
아주머니	젊은 것들은 정말 귀찮아.

SCENE #1-2

까오페이
58, 59, 60! 七点了，下班了！
Wǔshíbā, wǔshíjiǔ, liùshí! Qī diǎn le, xiàbān le!

동료들
祝你生日快乐，祝你生日快乐，祝你生日快乐，
Zhù nǐ shēngrì kuàilè, zhù nǐ shēngrì kuàilè, zhù nǐ shēngrì kuàilè,

祝你生日快乐！
zhù nǐ shēngrì kuàilè!

리위
高飞，生日快乐！
Gāo Fēi, shēngrì kuàilè!

까오페이
谢谢。
Xièxie.

SCENE #3

린티엔아이
高飞，我能进来吗？
Gāo Fēi, wǒ néng jìnlái ma?

까오페이
请进，这是林天爱。
Qǐng jìn, zhè shì Lín Tiān'ài.

린티엔아이
大家好，很高兴认识你们。
Dàjiā hǎo, hěn gāoxìng rènshi nǐmen.

새단어모음 ZIP ● 02-02

祝 zhù 통 축복하다, 기원하다, 축하하다
快乐 kuàilè 형 즐겁다, 유쾌하다
生日快乐 shēngrì kuàilè 생일 축하합니다

能 néng 조동 ~할 수 있다, ~해도 된다
进来 jìnlái 통 들어오다
大家 dàjiā 때 모두(들)

찐쭝밍
你们有约会吗？我也想去。
Nǐmen yǒu yuēhuì ma? Wǒ yě xiǎng qù.

리위
我也去。
Wǒ yě qù.

까오페이
不好吧。
Bù hǎo ba.

SCENE #4

린티엔아이
没关系，大家一起去吧。
Méi guānxi, dàjiā yìqǐ qù ba.

까오페이
不好意思。
Bù hǎoyìsi.

린티엔아이
他们太热情了。
Tāmen tài rèqíng le.

아주머니
年轻人，真麻烦。
Niánqīngrén, zhēn máfan.

约会 yuēhuì 몡 약속, 데이트 동 데이트하다
不好意思 bù hǎoyìsi 부끄럽다, 쑥스럽다, 미안합니다
热情 rèqíng 혱 열정적이다, 친절하다, 다정하다

年轻人 niánqīngrén 몡 젊은이, 젊은 사람
真 zhēn 틧 정말(로), 진실로
麻烦 máfan 혱 귀찮다, 성가시다

▶ 축하 표현

동사 '祝(zhù)'는 '바라다' '축하하다'라는 뜻을 가지고 있어. 문장 맨 앞에 쓰여서 소망, 바람, 축하를 표현하지. "생일 축하해!"는 중국어로 "生日快乐!(shēngrì kuàilè!)"라고 하는데, 앞에 '祝'를 더하면 좀 더 격식 있는 표현이 돼. 예문을 보면서 다양한 축하, 소망의 표현을 배워 보자.

祝＋주어＋소망, 축하 문구

- 祝你生日快乐。 생일 축하합니다.
  Zhù nǐ shēngrì kuàilè.

- 祝你一路平安。 가시는 길 평안하길 바랍니다. [여행 갈 때]
  Zhù nǐ yílù píng'ān.

- 祝你们永远幸福。 항상 행복하세요. [결혼할 때]
  Zhù nǐmen yǒngyuǎn xìngfú.

- 祝你考试顺利。 시험 잘 보세요. [시험 볼 때]
  Zhù nǐ kǎoshì shùnlì.

▶ 사과 표현

사과의 표현은 여러 가지가 있지만, 오늘은 가장 대표적인 두 가지 표현을 비교해서 공부해 보자. 첫 번째는 바로 '对不起(duìbuqǐ)'야. '对不起'는 비교적 직접적이고 정식적인 사과의 표현이야. 예를 들면, 상대방의 물건을 망가뜨렸거나, 상대방을 실수로 밀쳤을 때처럼 정말 내 잘못으로 타인에게 직접적인 피해를 주었을 때 정중하게 사과하는 표현이야.

- 对不起，给您添麻烦了。 죄송해요, 폐를 끼쳤습니다.
  Duìbuqǐ, gěi nín tiān máfan le.

- 对不起，你的相机不见了，我再给你买一个吧。 미안해, 네 카메라가 없어졌어. 내가 다시 사 줄게.
  Duìbuqǐ, nǐ de xiàngjī bú jiàn le, wǒ zài gěi nǐ mǎi yí ge ba.

두 번째는 '不好意思(bù hǎoyìsi)'야. 좀 더 가벼운 사과의 표현으로, 일상생활에서 '对不起'보다 훨씬 자주 사용해. 심각하지 않은 실수나 고의성이 없는 행동에 대해서 가볍게 미안하다고 하는 표현이지. 예를 들면, 약속 시간에 조금 늦었거나, 지나가다가 상대방과 몸이 살짝 부딪혔을 때처럼 말이야. 또한 미안한 일은 아니지만, 예의상 '실례합니다'의 의미로도 많이 쓰이니 활용법을 잘 알아 두자!

- 不好意思，我来晚了。 늦어서 미안합니다.
  Bù hǎoyìsi, wǒ lái wǎn le.

- 不好意思，请再说一遍。 죄송하지만, 다시 한번 말씀해 주세요.
  Bù hǎoyìsi, qǐng zài shuō yíbiàn.

- 不好意思，我已经吃饭了。 미안한데, 저는 벌써 밥 먹었어요.
  Bù hǎoyìsi, wǒ yǐjīng chīfàn le.

- 麻烦让一下，不好意思。 좀 비켜 주세요. 실례합니다.
  Máfan ràng yíxià, bù hǎoyìsi.

 **레벨업단어** 🔊 02-04

一路 yílù ⑲ 도중(途中), 노중(路中) ｜ 平安 píng'ān ⑲ 평안하다. 무사하다 ｜ 永远 yǒngyuǎn ⑲ 영원하다 ⑲ 늘, 영원히 ｜ 幸福 xìngfú ⑲ 행복 ⑲ 행복하다 ｜ 考试 kǎoshì ⑲ 시험 ⑧ 시험을 치다 ｜ 顺利 shùnlì ⑲ 순조롭다 ｜ 添 tiān ⑧ 보태다. 더하다 ｜ 相机 xiàngjī ⑲ 사진기, 카메라 ｜ 给 gěi ㉧ ~에게 ｜ 再 zài ⑲ 다시, 또 ｜ 说 shuō ⑧ 말하다 ｜ 遍 biàn ⑱ 번, 회 ｜ 已经 yǐjīng ⑲ 이미, 벌써 ｜ 让 ràng ⑧ 비키다. 피하다

1 녹음을 듣고 사진과 일치하면 O, 일치하지 않으면 X를 표시하세요. ●02-05

(1)

(2)

2 녹음을 듣고 내용에 알맞은 사진을 고르세요. ●02-06

(1) ① 　② 　③

(2) ① 　② 　③

(3) ① 　② 　③

3 그림의 상황에 어울리는 문장을 보기에서 찾아 쓰고 해석해 보세요.

|보기|

① 对不起，给您添麻烦了。 Duìbuqǐ, gěi nín tiān máfan le.
② 祝你一路平安。 Zhù nǐ yílù píng'ān.
③ 祝你考试顺利！ Zhù nǐ kǎoshì shùnlì!

(1)

→ _____

해석 _____

(2)

→ _____

해석 _____

(3)

→ _____

해석 _____

4 다음 메신저 질문에 중국어로 답해 보세요.

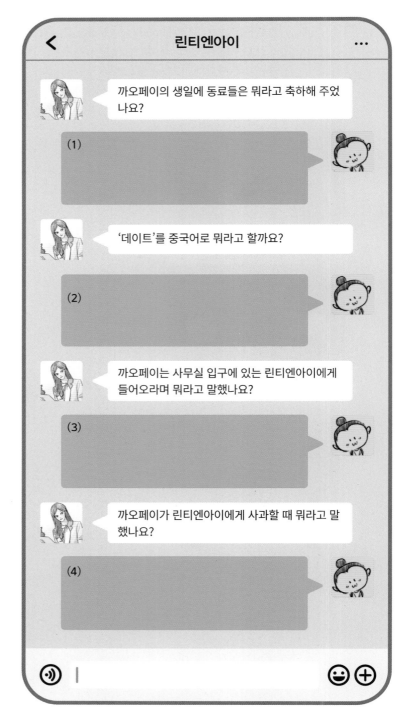

▶ 3화

Wǒ xiǎng chī kǎoyā.
我想吃烤鸭。

어느 식당에 갈까?
네 사람의 선택은 어디?

3화 미리보기

까오페이의 생일날, 린티엔아이와 까오페이, 그리고 그의 동료들은 함께 저녁식사를 하기로 한다. 차를 타고 이동하면서 그들은 어느 식당으로 갈지 의논하는데……

학습 포인트

의사 묻기 | 제안하기

▶ 3화 我想吃烤鸭。

Wǒ xiǎng chī kǎoyā. 나는 오리구이를 먹고 싶어요.

Jīntiān shì nǐ de shēngrì,
今天是你的生日，
nǐ xiǎng chī shénme cài?
你想吃什么菜？

Běijīng cài, wǒ xiǎng chī kǎoyā.
北京菜，我想吃烤鸭。

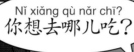

Nǐ xiǎng qù nǎr chī?
你想去哪儿吃？

Wǒ xiǎng qù Xīdān,
我想去西单，
nàr yǒu hěn duō fàndiàn.
那儿有很多饭店。

Xiànzài shì xiàbān shíjiān,
现在是下班时间，
Xīdān chē tài duō le.
西单车太多了。

린티엔아이	오늘 생일인데, 무슨 요리 먹고 싶어요?
까오페이	베이징요리요. 오리구이가 먹고 싶어요.
찐쭝밍	어디 가서 먹고 싶은데?
까오페이	시단에 가고 싶어. 거기 식당이 많거든.
린티엔아이	지금은 퇴근 시간이라, 시단에 차가 너무 많아요.

Qù Sānlǐtún zěnmeyàng?
去三里屯怎么样?

Sānlǐtún rén tài duō.
三里屯人太多。

Gōngsī hòumiàn yǒu yì jiā "Xiǎo Dàdǒng",
公司后面有一家"小大董",
nàr de kǎoyā búcuò.
那儿的烤鸭不错。

Nàr yǒu wèizi ma?
那儿有位子吗?

Wǒ dǎ diànhuà wèn yíxià.
我打电话问一下。

까오페이	싼리툰에 가는 건 어때요?
리워	싼리툰은 사람이 너무 많아요.
린티엔아이	회사 뒤에 '샤오따둥(小大董)'이란 식당이 있는데, 거기 오리구이 괜찮아요.
찐쭝밍	거기에 자리가 있을까요?
까오페이	내가 전화해서 물어볼게.

까오페이	자리 없다네.
까오페이	그럼 쓰지민푸로 가죠.

SCENE #1

린티엔아이
今天是你的生日，你想吃什么菜？
Jīntiān shì nǐ de shēngrì, nǐ xiǎng chī shénme cài?

까오페이
北京菜，我想吃烤鸭。
Běijīng cài, wǒ xiǎng chī kǎoyā.

찐쫑밍
你想去哪儿吃？
Nǐ xiǎng qù nǎr chī?

까오페이
我想去西单，那儿有很多饭店。
Wǒ xiǎng qù Xīdān, nàr yǒu hěn duō fàndiàn.

린티엔아이
现在是下班时间，西单车太多了。
Xiànzài shì xiàbān shíjiān, Xīdān chē tài duō le.

SCENE #2

까오페이
去三里屯怎么样？
Qù Sānlǐtún zěnmeyàng?

리위
三里屯人太多。
Sānlǐtún rén tài duō.

린티엔아이
公司后面有一家"小大董"，那儿的烤鸭不错。
Gōngsī hòumiàn yǒu yì jiā "Xiǎo Dàdǒng", nàr de kǎoyā búcuò.

새단어모음.zip ◉ 03-02

菜 cài 몡 요리, 음식
烤鸭 kǎoyā 몡 오리구이
饭店 fàndiàn 몡 식당, 음식점
后面 hòumiàn 몡 뒤, 뒤쪽

家 jiā 양 가정, 가게, 기업 등을 세는 단위 몡 집
那儿 nàr 때 거기, 저기
不错 búcuò 혱 괜찮다, 좋다

찐쫑밍 **那儿有位子吗?**
Nàr yǒu wèizi ma?

까오페이 **我打电话问一下。**
Wǒ dǎ diànhuà wèn yíxià.

SCENE #3

까오페이 **没位子了。**
Méi wèizi le.

까오페이 **那去四季民福吧。**
Nà qù Sìjìmínfú ba.

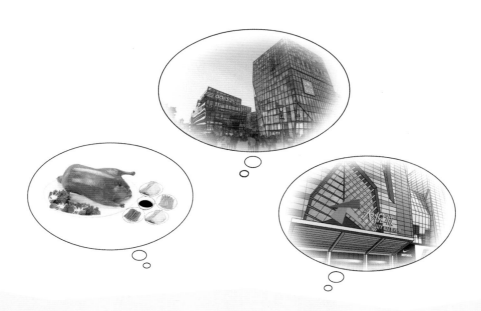

位子 wèizi 몡 자리, 좌석
打 dǎ 통 (전화를) 걸다, (놀이, 운동을) 하다
电话 diànhuà 몡 전화
那 nà 젭 그러면, 그렇다면

西单 Xīdān 고유 시단 [베이징의 유명 쇼핑 거리]
三里屯 Sānlǐtún 고유 싼리툰 [베이징의 유명 쇼핑 거리]
小大董 Xiǎo Dàdǒng 고유 샤오따둥 [베이징의 유명 음식점]
四季民福 Sìjìmínfú 고유 쓰지민푸 [베이징의 유명 음식점]

去/在 + 哪儿 + 동사

장소를 물어볼 때 의문대명사 '哪儿(nǎr, 어디)'을 쓰잖아. 오늘은 한 단계 더 나가보자. '哪儿' 앞에는 '去(qù)'나 '在(zài)'가 오고, '哪儿' 뒤에는 동사를 넣어 주면 좀 더 구체적인 상황을 물어볼 수 있어. 어디 가서(去哪儿) 또는 어디에서(在哪儿) 무엇을 하는지 상대방에게 물어보는 표현이야. 대답할 때는 '哪儿' 대신 장소명사를 넣어서 말하면 돼.

去 + 哪儿 + 동사: 어디 가서 ~하다
在 + 哪儿 + 동사: 어디에서 ~하다

- **A** 你去哪儿吃饭? 너는 어디 가서 밥 먹니?
  Nǐ qù nǎr chīfàn?

  B 我去学校食堂吃饭。 나는 학교 식당에 가서 밥 먹어.
  Wǒ qù xuéxiào shítáng chīfàn.

- **A** 他在哪儿上课? 그는 어디에서 수업하나요?
  Tā zài nǎr shàngkè?

  B 他在教学楼上课。 그는 강의동에서 수업해요.
  Tā zài jiàoxuélóu shàngkè.

✓체크체크 밑줄 친 부분에 주어진 단어를 넣어 말해 보세요.

❶ **A** 你们在哪儿见面?
   B 我们在公司门口见面。

吃饭 chīfàn 밥을 먹다 / 学生食堂 xuéshēng shítáng 학생 식당
换车 huàn chē 차를 갈아타다 / 王府井站 Wángfǔjǐng zhàn 왕푸징역
看电影 kàn diànyǐng 영화를 보다 / 电影院 diànyǐngyuàn 영화관

❷ **A** 你去哪儿旅游?
   B 我去加拿大旅游。

坐飞机 zuò fēijī 비행기를 타다 / 仁川机场 Rénchuān jīchǎng 인천공항
买衣服 mǎi yīfu 옷을 사다 / 西单 Xīdān 시단
打篮球 dǎ lánqiú 농구를 하다 / 公园 gōngyuán 공원

▶ 접속사 '那(么)'

'저것' '그것'이라는 뜻으로 쓰이는 '那(nà)'의 지시대명사 용법을 1권에서 배웠어. 그런데 '那'는 접속사로도 쓸 수 있어. '那'가 접속사로 쓰이면 '그러면' '그렇다면'이라는 뜻으로, 앞, 뒤 문장이나 대화를 자연스럽게 이어 주고 보통 제안할 때 많이 쓰여. '那么(nàme)'라고도 해.

- **A** 他今天不在。 그는 오늘 없어요.
  Tā jīntiān bú zài.

  B 那我明天来吧。 그럼 내일 올게요.
  Nà wǒ míngtiān lái ba.

- **A** 下雨了。 비가 오네.
  Xià yǔ le.

  B 那我们不去爬山了。 그럼 우리 등산하러 안 갈래요.
  Nà wǒmen bú qù pá shān le.

Tip 💡 *Tip*

小大董
'小大董(Xiǎo Dàdǒng, 샤오따둥)'은 베이징 오리구이 미슐랭 맛집인 '大董(따둥)'에서 나온 캐주얼 브랜드이다. 샤오따둥은 따둥 브랜드의 특징인 정교하고 창의적인 요리법을 전수 받은 동시에 가격은 따둥보다 더 저렴해 인기가 많다.

四季民福
'四季民福(Sìjìmínfú, 쓰지민푸)'도 베이징의 유명 음식점 중 하나로, 왕궁 요리, 오리구이, 분식 요리가 주를 이룬다. 구궁(故宫)점은 옛 정취가 가득하고, 싼리툰(三里屯)점은 간결하고 세련된 느낌을 준다. '四季民福'는 일 년 사계절 사람들이 행복하고 평안하다는 뜻이다.

 🔵 03-04

教学楼 jiàoxuélóu 몡 강의동 | **门口** ménkǒu 몡 입구 | **换车** huàn chē (차를) 갈아타다, 환승하다 | **王府井站** Wángfǔjǐng zhàn 고유 왕푸징역 [지명] | **电影院** diànyǐngyuàn 몡 영화관 | **旅游** lǚyóu 동 여행하다 | **飞机** fēijī 몡 비행기 | **仁川** Rénchuān 고유 인천 [지명] | **机场** jīchǎng 몡 공항 | **篮球** lánqiú 몡 농구 | **下雨** xià yǔ 비가 내리다 | **爬山** pá shān 등산하다, 산에 올라가다

1 녹음을 듣고 사진과 일치하면 O, 일치하지 않으면 X를 표시하세요. ○ 03-05

(1)

(2)

(3)

(4)

2 녹음을 듣고 내용에 알맞은 사진을 고르세요. ○ 03-06

(1)
①
②
③

(2)
①
②
③

(3) ① 　　② 　　③

(4) ① 　　②　　③

3 주어진 의미에 맞게 문장을 완성해 보세요.

(1)

> 지금은 퇴근 시간이라, 회사에 아무도 없어요.

现在是_____，公司里没有人。

Xiànzài shì _____, gōngsī li méiyǒu rén.

(2)

> 너는 어디 가서 물건을 사니?

你_____买东西?

Nǐ _____ mǎi dōngxi?

(3)

> 우리 시단에 가서 옷을 사는 게 어때?

我们_____西单_____，怎么样?

Wǒmen _____ Xīdān _____, zěnmeyàng?

4 다음 메신저 질문에 중국어로 답해 보세요.

찐쭝밍

까오페이가 자신의 생일날 고른 음식은 무엇인가요?

(1)

그들이 시단(西单)의 식당에 가지 않은 이유는 무엇인가요?

(2)

그들이 싼리툰(三里屯)의 식당에 가지 않은 이유는 무엇인가요?

(3)

그들이 '샤오따둥(小大董)' 식당에 가지 않은 이유는 무엇인가요?

(4)

#중국인의생일 #장수면 #삶은계란

중국의 생일 음식 문화는 어떨까요? 중국에서 생일에 먹는 특별한 음식으로 장수를 기원하는 장수면(长寿面, chángshòumiàn)과 삶은 계란을 빼놓을 수 없답니다.

장수면의 전통은 한나라의 제7대 황제인 한 무제(武帝)로부터 시작되었는데, 한 무제는 평소 관상학에 관심이 있었어요. 그러던 어느 날, 얼굴이 길면 장수한다는 이야기를 듣고, 대신들에게 전했다고 해요. 얼굴을 길게 만들 수는 없고, 얼굴을 곧 면(面)이라고도 하니 긴 국수를 먹으며 장수를 소망했습니다. 그 후 지금까지 면을 끊김 없이 한 번에 먹으면 무병장수를 한다고 해서 장수면을 먹는 전통이 전해졌어요.

또한 생일에는 꼭 삶은 계란을 먹어요. 계란처럼 둥글고 원만하게 잘 살라는 소망의 의미도 있고, 계란 껍질을 벗기며 과거에서 벗어나 새로운 삶이 시작된다는 환골탈태의 의미도 있어요.

이외에도 생일에 복숭아 모양의 밀떡인 '쇼우타오(寿桃, shòutáo)'를 선물하기도 해요. 복숭아는 중국에서 오래전부터 장수를 대표하는 과일인데요, 보통 자녀들이 부모님이나 조부모님께 선물하며 건강과 장수, 행복을 기원해요.

쇼우타오

장수면

삶은 계란

他什么时候回来?

린티엔아이의
조사일지

린티엔아이는 까오페이를 만나러 그의 사무실을 찾아간다. 그녀는 까오페이의 회사 사람들에 대해 이것 저것 물어보는데……. 그녀는 무엇을 조사하고 있을까?

👤

학습 포인트

시간사 사용하기 | 방향·위치 표현

▶ 4화 他什么时候回来? Tā shénme shíhou huílái?
그는 언제 돌아오나요?

Tā shénme shíhou huílái?

Nǐ hǎo, Dàlì.
你好，大力。
Nǐ kànjiàn Gāo Fēi le ma?
你看见高飞了吗?

Tiān'ài!
Hi, 天爱!

Kànjiàn le, tā zhèngzài kāihuì ne.
看见了，他正在开会呢。

Tā shénme shíhou huílái?
他什么时候回来?

리따리	하이, 티엔아이!
린티엔아이	안녕하세요, 따리. 까오페이 봤어요?
리따리	봤어요. 그는 회의하는 중이에요.
린티엔아이	언제 돌아오나요?

Tā shí fēnzhōng hòu huílái.
他十分钟后回来。

Qiánmiàn nà ge rén shì shéi?
前面那个人是谁?

Tā shì wǒmen de lǎobǎn,
他是我们的老板,
jiào Zhāng Shūrén.
叫张书人。

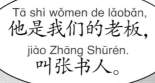

Hòumiàn nà ge rén ne?
后面那个人呢?
Tā jiào shénme míngzi?
她叫什么名字?

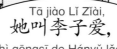

Tā jiào Lǐ Zǐài,
她叫李子爱,
shì gōngsī de Hányǔ lǎoshī.
是公司的韩语老师。

리따리	10분 후에 돌아와요.
린티엔아이	앞에 저 사람은 누구예요?
리따리	그는 우리 사장님이에요. 성함은 장슈런이고요.
린티엔아이	뒤에 저 사람은요? 그녀의 이름은 뭐예요?
리따리	그녀의 이름은 이자애예요. 회사의 한국어 선생님이죠.

까오페이   티엔아이, 왔군요!
린티엔아이   우리 언제 영화 보러 갈까요?
까오페이   내일 저녁에 보러 갈래요?
린티엔아이   좋아요. 내일 저녁에 영화관에서 만나요!

SCENE #1

리따리   **Hi, 天爱!**
Hi, Tiān'ài!

린티엔아이   **你好，大力。你看见高飞了吗?**
Nǐ hǎo, Dàlì.   Nǐ kànjiàn Gāo Fēi le ma?

리따리   **看见了，他正在开会呢。**
Kànjiàn le, tā zhèngzài kāihuì ne.

린티엔아이   **他什么时候回来?**
Tā shénme shíhou huílái?

SCENE #2

리따리   **他十分钟后回来。**
Tā shí fēnzhōng hòu huílái.

린티엔아이   **前面那个人是谁?**
Qiánmiàn nà ge rén shì shéi?

리따리   **他是我们的老板，叫张书人。**
Tā shì wǒmen de lǎobǎn, jiào Zhāng Shūrén.

새단어모음 .zip ● 04-02

正在 zhèngzài 🖳 ~하고 있는 중이다
开会 kāihuì 🖲 회의를 하다
什么 shénme 🗺 무엇, 무슨
时候 shíhou 🖲 때, 시각
分钟 fēnzhōng 🖲 분

后 hòu 🖲 뒤, 후
回来 huílái 🖲 돌아오다
前面 qiánmiàn 🖲 앞, 앞쪽
老板 lǎobǎn 🖲 사장, 주인
叫 jiào 🖲 (~라고) 부르다

린티엔아이 后面那个人呢？她叫什么名字？
Hòumiàn nà ge rén ne? Tā jiào shénme míngzi?

리따리 她叫李子爱，是公司的韩语老师。
Tā jiào Lǐ Zǐài, shì gōngsī de Hányǔ lǎoshī.

SCENE #3

까오페이 天爱，你来了！
Tiān'ài, nǐ lái le!

린티엔아이 我们什么时候去看电影？
Wǒmen shénme shíhou qù kàn diànyǐng?

까오페이 明天晚上去看，好吗？
Míngtiān wǎnshang qù kàn, hǎo ma?

린티엔아이 好，明天晚上在电影院见！
Hǎo, míngtiān wǎnshang zài diànyǐngyuàn jiàn!

名字 míngzi 명 이름
电影 diànyǐng 명 영화
电影院 diànyǐngyuàn 명 영화관

韩语 Hányǔ 고유 한국어
张书人 Zhāng Shūrén 고유 장슈런 [인명]
李子爱 Lǐ Zǐài 고유 이자애 [인명]

▶ 부사 '正在'

'正在(zhèngzài)'는 '~하고 있는 중이다'라는 뜻으로, 동사 앞에 놓여 동작의 진행이나 지속을 나타내. '正在' 대신 '正(zhèng)'이나 '在(zài)'를 써도 되고, 문장 끝에 어기조사 '呢(ne)'를 붙여도 돼.

- 我爸爸正在看报纸呢。 우리 아빠는 신문을 보고 계세요.
  Wǒ bàba zhèngzài kàn bàozhǐ ne.

- 你在做什么呢? 너는 뭐 하고 있니?
  Nǐ zài zuò shénme ne?

▶ 什么时候

'什么时候(shénme shíhou)'는 '언제'라는 뜻으로, 시기와 때를 물을 때 쓰는 의문대명사야. 시간을 묻고 답할 때 쓸 수 있는 다양한 표현을 배워 보자!

- A 你平时什么时候起床? 너는 평소에 언제 일어나니?
  Nǐ píngshí shénme shíhou qǐ chuáng?

- B 我平时凌晨五点起床。 나는 평소에 새벽 다섯 시에 일어나.
  Wǒ píngshí língchén wǔ diǎn qǐ chuáng.

[자주 쓰이는 시간명사]

早上 zǎoshang	아침	前天 qiántiān	그제	前年 qiánnián	재작년
上午 shàngwǔ	오전	昨天 zuótiān	어제	去年 qùnián	작년
中午 zhōngwǔ	점심	今天 jīntiān	오늘	今年 jīnnián	올해
下午 xiàwǔ	오후	明天 míngtiān	내일	明年 míngnián	내년
晚上 wǎnshang	저녁	后天 hòutiān	모레	后年 hòunián	후년

방위명사

방위명사는 '앞쪽' '뒤쪽'처럼 방향 또는 위치를 나타내는 명사인데, 단순방위명사와 복합방위명사로 나뉘어. 한 글자로 이루어진 단순방위명사는 보통 일반명사 뒤에 붙어서 장소를 나타내. 예를 들면, '在桌子上(책상 위에)' '在包里(가방 안에)'처럼 말이야.

东 dōng 동	西 xī 서	南 nán 남	北 běi 북
前 qián 앞	后 hòu 뒤	左 zuǒ 좌	右 yòu 우
上 shàng 위	下 xià 아래	里 lǐ/li 안	外 wài 밖
内 nèi 안	中 zhōng 가운데	间 jiān 중간	旁 páng 옆

복합방위명사는 단순방위명사 뒤에 '面(miàn)'이나 '边(biān)' 같은 접미사가 붙어서 쓰여. 복합방위명사는 단순방위명사와 달리 단독으로 주어 역할을 할 수 있지.

	上 shàng 위	下 xià 아래	前 qián 앞	后 hòu 뒤	里 lǐ 안	外 wài 바깥	旁 páng 옆
面 miàn ~쪽, 면	上面 shàngmiàn	下面 xiàmiàn	前面 qiánmiàn	后面 hòumiàn	里面 lǐmiàn	外面 wàimiàn	
边 biān ~쪽, 측	上边 shàngbian	下边 xiàbian	前边 qiánbian	后边 hòubian	里边 lǐbian	外边 wàibian	旁边 pángbiān

- 你看，手机在我包里呢。 봐, 핸드폰이 내 가방 안에 있어.
  Nǐ kàn, shǒujī zài wǒ bāo li ne.

- 外边有人敲门。 밖에서 누가 문을 두드린다.
  Wàibian yǒu rén qiāomén.

 ● 04-04

报纸 bàozhǐ 명 신문 ㅣ 平时 píngshí 명 평소 ㅣ 起床 qǐ chuáng 통 일어나다, 기상하다 ㅣ 凌晨 língchén 명 새벽 ㅣ 面 miàn 접미 쪽, 면 ㅣ 边 biān 접미 쪽, 측 ㅣ 包 bāo 명 가방 ㅣ 敲 qiāo 통 두드리다 ㅣ 门 mén 명 문

You Quiz?!

1 녹음을 듣고 내용에 알맞은 사진을 고르세요. ● 04-05

(1) ①  ② ③

(2) ①  ② ③

(3) ①  ②  ③

2 녹음을 듣고 질문에 알맞은 답을 고르세요. ● 04-06

(1)　① 下午三点　xiàwǔ sān diǎn

　　　② 上午两点　shàngwǔ liǎng diǎn

　　　③ 下午五点　xiàwǔ wǔ diǎn

(2)　① 她是我的同学。 Tā shì wǒ de tóngxué.

　　　② 旁边那个人是我爸爸。 Pángbiān nà ge rén shì wǒ bàba.

　　　③ 她是我的老师。 Tā shì wǒ de lǎoshī.

3 녹음을 듣고 각 장소의 위치를 설명해 보세요. ● 04-07

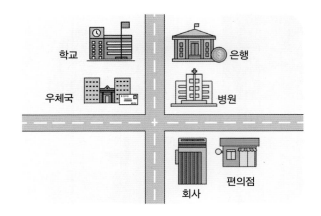

(1) A 邮局在哪儿? Yóujú zài nǎr?

  B 邮局在学校_____。 Yóujú zài Xuéxiào _____.

(2) A 便利店在哪儿? Biànlìdiàn zài nǎr?

  B 公司_____有便利店。 Gōngsī _____ yǒu biànlìdiàn.

(3) A 银行在哪儿? Yínháng zài nǎr?

  B 银行在医院_____。 Yínháng zài yīyuàn _____.

4 의미에 맞게 주어진 단어를 바르게 배열하세요.

(1)

在	桌子	苹果	上面
zài	zhuōzi	píngguǒ	shàngmiàn

사과는 탁자 위에 있습니다.

_____。

(2)

睡觉	时候	什么	你们	去
shuìjiào	shíhou	shénme	nǐmen	qù

너희들 언제 자러 갈 거니?

_____?

5 다음 메신저 질문에 중국어로 답해 보세요.

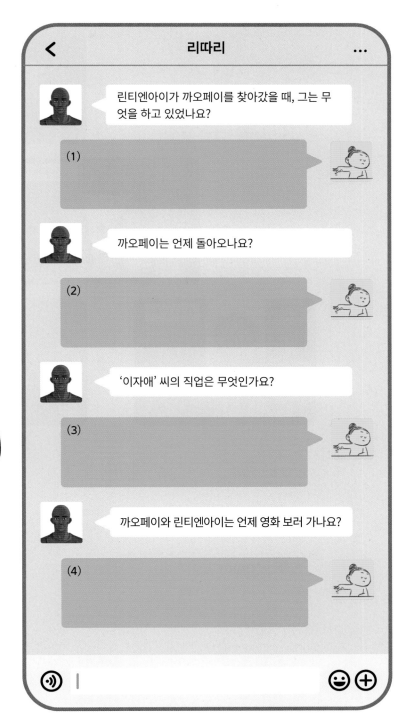

6 다음 까오페이의 하루를 보고 질문에 답해 보세요.

(1) 他几点起床?
    Tā jǐ diǎn qǐ chuáng?

(2) 他几点坐地铁上班?
    Tā jǐ diǎn zuò dìtiě shàngbān?

(3) 下午三点半他去哪儿?
    Xiàwǔ sān diǎn bàn tā qù nǎr?

(4) 他什么时候回家?
    Tā shénme shíhou huíjiā?

(5) 晚上十点他做什么?
    Wǎnshang shí diǎn tā zuò shénme?

그녀의 끊임없는 질문
과연 무엇을 위한 것일까?

5화 미리보기

까오페이와 린티엔아이는 함께 영화를 본 후, 회사 사람들에 대해 이야기를 나눈다. 린티엔아이는 계속해서 그에게 여러 질문을 하기 시작하는데…….

 학습 포인트

능력 표현하기 ┃ 약간의 정도 표현하기

▶5화 他们会说中文吗？ Tāmen huì shuō Zhōngwén ma?

그들은 중국어를 할 줄 알아요?

> Diànyǐng hǎokàn ma?
> 电影好看吗？

> Hǎokàn. Tīng Dàlì shuō,
> 好看。听大力说，
> nǐmen gōngsī yǒu Hányǔ lǎoshī.
> 你们公司有韩语老师。

> Duì, wǒmen yǒu Hányǔ lǎoshī
> 对，我们有韩语老师
> hé Tàiyǔ lǎoshī.
> 和泰语老师。

> Tāmen huì shuō Zhōngwén ma?
> 他们会说中文吗？

> Tāmen huì shuō yìdiǎnr,
> 他们会说一点儿，
> tāmen yě yǒu Hànyǔ lǎoshī.
> 他们也有汉语老师。

까오페이	영화 재미있었어요?
린티엔아이	재미있어요. 따리 씨가 그러던데, 회사에 한국어 선생님이 있다면서요.
까오페이	맞아요, 우리 회사에 한국어 선생님과 태국어 선생님이 있어요.
린티엔아이	그들은 중국어를 할 줄 알아요?
까오페이	조금 할 줄 알아요. 그들도 중국어 선생님이 있거든요.

> Tāmen huì xiě Hànzì ma?
> 他们会写汉字吗?

> Hànyǔ lǎoshī huì xiě Hànzì,
> 韩语老师会写汉字,
> Tàiyǔ lǎoshī huì dú,
> 泰语老师会读,
> bú huì xiě.
> 不会写。

> Nǐ huì shuō Hányǔ hé Tàiyǔ ma?
> 你会说韩语和泰语吗?

> Wǒ huì shuō yìdiǎnr Hányǔ,
> 我会说一点儿韩语,
> wǒ bú huì shuō Tàiyǔ.
> 我不会说泰语。

> Nǐ huì zuò cài ma?
> 你会做菜吗?

> Wǒ huì zuò, wǒ xǐhuan
> 我会做, 我喜欢
> zuò cài.　Nǐ ne?
> 做菜。 你呢?

> Wǒ bú tài huì zuò cài.
> 我不太会做菜。
> Nǐ huì zuò shénme cài?
> 你会做什么菜?

린티엔아이	그들은 한자를 쓸 줄 알아요?
까오페이	한국어 선생님은 한자를 쓸 줄 알고, 태국어 선생님은 읽기만 하고 쓸 줄은 몰라요.
린티엔아이	까오페이 씨는 한국어랑 태국어 할 줄 알아요?
까오페이	저는 한국어는 조금 할 줄 아는데, 태국어는 못해요.
린티엔아이	요리할 줄 알아요?
까오페이	할 줄 알아요. 저 요리하는 거 좋아해요. 당신은요?
린티엔아이	저는 요리 잘 못해요. 어떤 요리할 수 있어요?

Wǒ huì zuò Zhōngguó cài hé Xībānyá cài.
我会做中国菜和西班牙菜。

Tài lìhai le.
太厉害了。

Wǎnshang qù wǒ jiā chīfàn ba,
晚上去我家吃饭吧,
wǒ zuò cài.
我做菜。

Zhēn de ma?　Xièxie!
真的吗?　谢谢!

까오페이	저는 중국 요리랑 스페인 요리를 할 줄 알아요.
린티엔아이	정말 대단하네요.
까오페이	저녁에 우리 집에 가서 밥 먹어요. 제가 요리할게요.
린티엔아이	정말이요? 고마워요!

SCENE #1

까오페이   电影好看吗?
Diànyǐng hǎokàn ma?

린티엔아이   好看。听大力说，你们公司有韩语老师。
Hǎokàn. Tīng Dàlì shuō, nǐmen gōngsī yǒu Hányǔ lǎoshī.

까오페이   对，我们有韩语老师和泰语老师。
Duì, wǒmen yǒu Hányǔ lǎoshī hé Tàiyǔ lǎoshī.

린티엔아이   他们会说中文吗?
Tāmen huì shuō Zhōngwén ma?

까오페이   他们会说一点儿，他们也有汉语老师。
Tāmen huì shuō yìdiǎnr, tāmen yě yǒu Hányǔ lǎoshī.

SCENE #2

린티엔아이   他们会写汉字吗?
Tāmen huì xiě Hànzì ma?

까오페이   韩语老师会写汉字，泰语老师会读，不会写。
Hányǔ lǎoshī huì xiě Hànzì, Tàiyǔ lǎoshī huì dú, bú huì xiě.

린티엔아이   你会说韩语和泰语吗?
Nǐ huì shuō Hányǔ hé Tàiyǔ ma?

새단어모음 ZIP ● 05-02

好看 hǎokàn ⬡ (내용이) 재미있다, 흥미진진하다
听说 tīngshuō ⬡ 듣자하니, 들은 바로는 (~라고 한다)
会 huì ⬡통 (배워서) ~할 수 있다

一点儿 yìdiǎnr 조금, 약간
读 dú ⬡ 읽다
写 xiě ⬡ 쓰다

까오페이 我会说一点儿韩语，我不会说泰语。
Wǒ huì shuō yìdiǎnr Hányǔ, wǒ bú huì shuō Tàiyǔ.

린티엔아이 你会做菜吗？
Nǐ huì zuò cài ma?

까오페이 我会做，我喜欢做菜。你呢？
Wǒ huì zuò, wǒ xǐhuan zuò cài. Nǐ ne?

린티엔아이 我不太会做菜。你会做什么菜？
Wǒ bú tài huì zuò cài. Nǐ huì zuò shénme cài?

SCENE #3

까오페이 我会做中国菜和西班牙菜。
Wǒ huì zuò Zhōngguó cài hé Xībānyá cài.

린티엔아이 太厉害了。
Tài lìhai le.

까오페이 晚上去我家吃饭吧，我做菜。
Wǎnshang qù wǒ jiā chīfàn ba, wǒ zuò cài.

린티엔아이 真的吗？谢谢！
Zhēn de ma? Xièxie!

Tip Tip

中文 vs 汉语

중국어 교육 규범서인 《国际中文教育中文水平等级标准》에서는 中文과 汉语가 거의 같은 뜻으로 쓰인다. 그래서 中文老师, 汉语老师 모두 같은 말이다. 다만 실제 중국어에서는 汉语보다는 中文을 더 자주 쓴다.

做菜 zuò cài 요리하다
厉害 lìhai 혱 대단하다, 굉장하다
泰语 Tàiyǔ 고유 태국어
中文 Zhōngwén 고유 중국어

汉语 Hànyǔ 고유 중국어
汉字 Hànzì 고유 한자
西班牙 Xībānyá 고유 스페인

● 조동사 '숲'와 '能'

 조동사는 동사 앞에 쓰여서 동사의 의미를 보충해 주는 역할을 해. 조동사 '会(huì)'와 '能(néng)'은 모두 '~할 수 있다'라는 뜻으로, 어떤 일을 처리하는 솜씨, 능력이 있다는 것을 뜻해. 그리고 둘 다 앞으로 어떤 일이 발생할 가능성, 미래에 대한 긍정적인 추측, 예측을 나타내.

하지만 '能'은 내가 선천적으로 가지고 태어난 습관, 능력을 말하고, '会'는 내가 학습을 통해 얻게 된 능력을 말할 때 쓰이지. 그리고 '能'은 객관적인 조건이나 상황이 충족되어서 할 수 있는 가능성을 나타내고, '会'는 주관적인 추측, 예측을 말할 때 쓰여.

- 我会开车。 나는 운전할 줄 안다. [운전을 배워서 할 수 있음]
  Wǒ huì kāichē.

- 我能开车。 나는 운전할 수 있다. [날씨나 교통상황 또는 술을 마시지 않는 등의 조건이 갖추어짐]
  Wǒ néng kāichē.

- 今天奶奶会来吗? 오늘 할머니가 오시나요? [주관적인 추측]
  Jīntiān nǎinai huì lái ma?

- 今天奶奶能来吗? 오늘 할머니가 오실 수 있나요? [할머니의 상황에 따른 객관적인 조건]
  Jīntiān nǎinai néng lái ma?

 부정문은 조동사 '能'과 '会' 앞에 부정부사 '不(bù)'만 붙여 주면 돼!

- 我不会开车。 나는 운전할 줄 모른다. [운전을 배우지 않음]
  Wǒ bú huì kāichē.

- 我不能开车。 나는 운전할 수 없다. [아프거나 술을 마시는 등의 이유로 운전이 불가능함]
  Wǒ bù néng kāichē.

- 今天奶奶不会来了。 오늘 할머니는 안 오실 거야. [미래 상황 추측]
  Jīntiān nǎinai bú huì lái le.

- 今天奶奶不能来了。 오늘 할머니는 오실 수 없어. [건강이 안 좋거나 다른 이유로 가능성이 없음]
  Jīntiān nǎinai bù néng lái le.

▶ 수량사 '一点儿'

'一点儿(yìdiǎnr)'은 수량사로 동사나 형용사 뒤에 놓여 '조금' '약간'이라는 뜻을 나타내. 동사 뒤에 '一点儿'이 올 때는 꼭 명사를 함께 써 주자! 글로 쓸 때는 '儿(er)'을 생략하고 '一点'으로 자주 쓰이지만, 말할 때는 '一点儿'로 발음하는 게 자연스러워. 가끔 '一'도 생략되어서 '点(diǎn)'이나 '点儿(diǎnr)'로 쓰기도 해.

그런데 '조금' '약간'의 의미와 상관 없이, 겸손하거나 완곡하게 표현하고자 할 때도 '동사+一点(儿)+명사'의 형식을 자주 써. 반면, '형용사+一点(儿)'은 부탁, 권유의 뜻도 있으니 함께 알아 두자!

> 동사+(一)点(儿): 조금, 약간 / 겸손, 완곡의 표현
> 형용사+(一)点(儿): 조금, 약간 / 부탁, 권유의 표현

- 我们买一点儿水果吧。 우리 과일 좀 사자.
  Wǒmen mǎi yìdiǎnr shuǐguǒ ba.

- A 王老师，欢迎来我家，你想喝(一)点儿什么？
  Wáng lǎoshī, huānyíng lái wǒ jiā, nǐ xiǎng hē (yì)diǎnr shénme?
  왕 선생님, 저희 집에 오신 걸 환영해요. 어떤 거 마시고 싶어요?

  B 谢谢您，我想喝(一)点儿热水。 감사해요, 저는 따뜻한 물을 좀 마시고 싶어요.
  Xièxie nín, wǒ xiǎng hē (yì)diǎnr rèshuǐ.

- 太贵了，便宜一点(儿)吧。 너무 비싸요. 좀 깎아 주세요.
  Tài guì le, piányi yìdiǎn(r) ba.

 레벨업단어 ● 05-04

奶奶 nǎinai 몡 할머니 | 王 Wáng 몡 왕(성씨) | 欢迎 huānyíng 동 환영하다 | 热水 rèshuǐ 몡 온수, 따뜻한 물 | 便宜 piányi 혱 저렴하다, 값이 싸다

1 녹음을 듣고 사진과 일치하면 O, 일치하지 않으면 X를 표시하세요. ◉ 05-05

(1)

(2)

(3)

(4)

2 녹음을 듣고 내용에 알맞은 사진을 고르세요. ◉ 05-06

(1) ①

②

③

(2) ①

②

③

3 녹음을 듣고 일치하는 내용을 고르세요. ● 05-07

(1) ① 他们不会说英语。 Tāmen bú huì shuō Yīngyǔ.

② 他们想学英语。 Tāmen xiǎng xué Yīngyǔ.

③ 他们想学韩语。 Tāmen xiǎng xué Hányǔ.

(2) ① 我们都会做菜。 Wǒmen dōu huì zuò cài.

② 她会做西红柿炒鸡蛋。 Tā huì zuò Xīhóngshì chǎojīdàn.

③ 她会做韩国菜。 Tā huì zuò Hánguó cài.

*西红柿炒鸡蛋 Xīhóngshì chǎojīdàn 토마토 달걀볶음

(3) ① 他不去吃饭了。 Tā bú qù chīfàn le.

② 饭店在公司北门旁边。 Fàndiàn zài gōngsī běimén pángbiān.

③ 他们会做麻辣香锅。 Tāmen huì zuò Málàxiāngguō.

*麻辣香锅 Málàxiāngguō 마라샹궈

4 의미에 맞게 주어진 단어를 바르게 배열하세요.

(1)

| 会说 huì shuō | 不会说 bú huì shuō | 我 wǒ | 一点儿 yìdiǎnr | 日语 Rìyǔ | 中文 Zhōngwén |

저는 중국어는 조금 할 줄 아는데, 일본어는 못해요.

_____。

(2)

| 我 wǒ | 韩国菜 Hánguó cài | 会 huì | 和 hé | 中国菜 Zhōngguó cài | 做 zuò |

저는 한국 요리와 중국 요리를 할 줄 알아요.

_____。

5 다음 메신저 질문에 중국어로 답해 보세요.

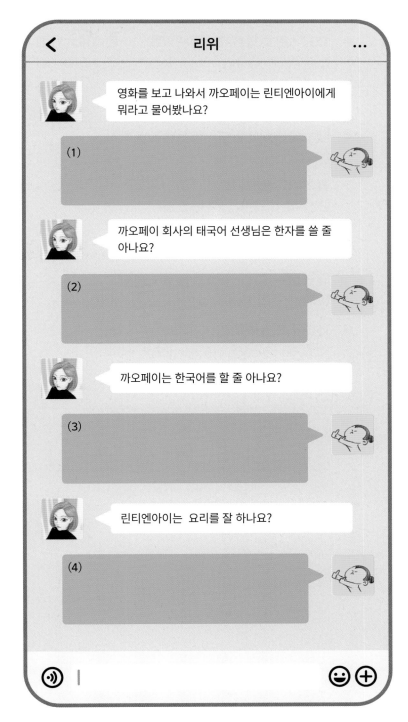

리위

영화를 보고 나와서 까오페이는 린티엔아이에게 뭐라고 물어봤나요?

(1)

까오페이 회사의 태국어 선생님은 한자를 쓸 줄 아나요?

(2)

까오페이는 한국어를 할 줄 아나요?

(3)

린티엔아이는 요리를 잘 하나요?

(4)

6 자연스러운 대화가 되도록 제시된 문장을 순서대로 나열하세요.

A 做意大利面很容易。那明天我们一起做意大利面，怎么样？
Zuò Yìdàlìmiàn hěn róngyì. Nà míngtiān wǒmen yìqǐ zuò Yìdàlìmiàn, zěnmeyàng?

B 我不能吃香菜，你呢？
Wǒ bù néng chī xiāngcài, nǐ ne?

C 我非常喜欢吃香菜。那你会做菜吗？
Wǒ fēicháng xǐhuan chī xiāngcài. Nà nǐ huì zuò cài ma?

D 真的吗？我想做！
Zhēnde ma? Wǒ xiǎng zuò!

E 听说，做菜很难。我不会做菜。
Tīng shuō, zuò cài hěn nán. Wǒ bú huì zuò cài.

F 我会做一点儿，我喜欢做意大利面。
Wǒ huì zuò yìdiǎnr, wǒ xǐhuan zuò Yìdàlìmiàn.

G 你能不能吃香菜？
Nǐ néng bu néng chī xiāngcài?

*意大利面 Yìdàlìmiàn 스파게티   *香菜 xiāngcài 샹차이, 고수

G – ☐ – ☐ – ☐ – E – ☐ – ☐

6화 미리보기

까오페이와 그의 동료들은 출장 가는 길에 비가 내려 당황한다. 그때, 린티엔아이가 차를 몰고 와, 그들은 그녀의 차를 타고 기차역으로 향하는데……

 학습 포인트

수단·방식 물어보기 | 의지 표현하기

리위	비가 오네요. 기차역에 어떻게 가죠?
리따리	택시를 잡자. 찐쭝밍, 너 운전하고 왔니?
찐쭝밍	오늘 운전 안 했어. 난 운전하는 거 안 좋아해. 지하철 타는 게 좋아.
리위	까오페이, 당신은요?

Wǒ bú huì kāichē, méi mǎi chē,
我不会开车，没买车，
wǒ xià ge yuè qù xué kāichē.
我下个月去学开车。

Wǒmen qù huǒchē zhàn,
我们去火车站，
wǒmen néng zuò nǐ de chē ma?
我们能坐你的车吗？

Nǐmen qù nǎr?
你们去哪儿？

Méi wèntí, shànglái ba.
没问题，上来吧。

Xièxie.
谢谢。

까오페이	저는 운전 못해서 차 안 샀어요. 다음 달에 운전 배우러 가요.
린티엔아이	여러분 어디 가세요?
찐쭝밍	저희 기차역 가는데, 저희 좀 태워주실 수 있어요?
린티엔아이	그럼요, 타세요.
까오페이	고마워요.

린티엔아이 천만에요. 기차는 몇 시 출발이에요?

까오페이 12시요.

리웨이 지금이 11시 20분인데, 40분 만에 도착할 수 있을까요?

린티엔아이 네, 문제없어요. 오늘 차가 많지 않아요.

린티엔아이 기차 타고 어디 가시는 거예요?

까오페이 저희는 시안에 가요. 내일 시안에서 중요한 회의가 있거든요.

린티엔아이   (중요한 회의?)
리따리   저희는 시안의 박물관에 가요.

SCENE #1

리위
下雨了，怎么去火车站？
Xià yǔ le, zěnme qù huǒchē zhàn?

리따리
打车吧。金中明，你开车了吗？
Dǎ chē ba. Jīn Zhōngmíng, nǐ kāichē le ma?

찐쫑밍
我今天没开车，我不喜欢开车，我喜欢坐地铁。
Wǒ jīntiān méi kāichē, wǒ bù xǐhuan kāichē, wǒ xǐhuan zuò dìtiě.

리위
高飞，你呢？
Gāo Fēi, nǐ ne?

SCENE #2

까오페이
我不会开车，没买车，我下个月去学开车。
Wǒ bú huì kāichē, méi mǎi chē, wǒ xià ge yuè qù xué kāichē.

린티엔아이
你们去哪儿？
Nǐmen qù nǎr?

찐쫑밍
我们去火车站，我们能坐你的车吗？
Wǒmen qù huǒchē zhàn, wǒmen néng zuò nǐ de chē ma?

린티엔아이
没问题，上来吧。
Méi wèntí, shànglái ba.

까오페이
谢谢。
Xièxie.

새단어모음.zip ● 06-02

下雨 xià yǔ 비가 내리다, 비가 오다	**开车** kāichē 동 차를 몰다, 운전하다
怎么 zěnme 대 어떻게, 왜	**地铁** dìtiě 명 지하철
火车 huǒchē 명 기차	**下个月** xià ge yuè 다음 달
站 zhàn 명 역, 정거장	**坐** zuò 동 앉다, (탈 것에) 타다
打车 dǎ chē 택시를 잡다, 택시를 타다	**上来** shànglái 동 (위로) 올라오다

SCENE #3

린티엔아이
不客气。你们的火车几点开车？
Bú kèqi.　　Nǐmen de huǒchē jǐ diǎn kāichē?

까오페이
12点。
Shí'èr diǎn.

리위
现在11点20分，40分钟可以到吗？
Xiànzài shíyī diǎn èrshí fēn, sìshí fēnzhōng kěyǐ dào ma?

린티엔아이
可以，没问题，今天车不多。
Kěyǐ, méi wèntí, jīntiān chē bù duō.

린티엔아이
你们坐火车去哪儿？
Nǐmen zuò huǒchē qù nǎr?

까오페이
我们去西安。因为明天在西安有重要的会议。
Wǒmen qù Xī'ān.　Yīnwèi míngtiān zài Xī'ān yǒu zhòngyào de huìyì.

SCENE #4

린티엔아이
(重要的会议？)
(Zhòngyào de huìyì?)

리따리
我们要去西安的博物馆。
Wǒmen yào qù Xī'ān de bówùguǎn.

可以 kěyǐ 조동 ~할 수 있다, ~해도 좋다
到 dào 동 도착하다
因为 yīnwèi 접 왜냐하면, ~때문에
重要 zhòngyào 형 중요하다
会议 huìyì 명 회의

要 yào 조동 ~해야 한다, ~하려고 한다
博物馆 bówùguǎn 명 박물관
西安 Xī'ān 고유 시안 [지명]
西安博物馆 Xī'ān Bówùguǎn 고유 시안박물관

▶ 怎么+동사

'怎么(zěnme)+동사'는 어떤 일을 하는 방식을 묻거나 어떤 일이 어떻게 발생했는지를 물어볼 때 쓸 수 있어. 대답할 때는 장소, 인물, 절차, 방식 등을 구체적으로 말하면 돼!

- A 去博物馆，怎么走? 박물관에 가려면 어떻게 가나요?
  Qù bówùguǎn, zěnme zǒu?

  B 去博物馆要坐311公交车。 박물관에 가려면 311번 버스를 타야 해요.
  Qù bówùguǎn yào zuò sān yāo yāo gōngjiāochē.

- A 你工作日怎么吃午饭? 너 근무일에는 점심 어떻게 먹어?
  Nǐ gōngzuòrì zěnme chī wǔfàn?

  B 我工作日在公司食堂吃午饭。 나 근무일에는 회사 식당에서 점심 먹어.
  Wǒ gōngzuòrì zài gōngsī shítáng chī wǔfàn.

▶ 조동사 '可以'와 '要'

조동사 '可以(kěyǐ)'는 '~할 수 있다'라는 뜻으로, 능력·가능성을 나타내는 '能(néng)'과 쓰임이 비슷해. 다만 '能'은 단독으로 쓸 수 없지만, '可以'는 대화문에서 대답할 때 단독으로 쓸 수 있어.

'可以'는 또한 도리상, 규칙상 허락이나 허가를 받아야 할 때 '~해도 좋다'라는 의미로도 쓰여. '可以'의 부정형은 일반적으로 '不能(~할 수 없다, ~하면 안 된다)'을 쓰면 돼. '不可以(절대 ~해서는 안 된다)'는 아주 강한 금지를 나타낼 때만 쓰이거든.

조동사 '要(yào)'는 '~하려 한다' '~해야 한다'라는 뜻으로, 의지를 표현할 때 쓰여. '想'보다 좀 더 확실하고 구체적인 의지와 소망을 나타내지. 부정형은 '不想(~하고 싶지 않다)'을 써서 말하면 돼. '不要(~하면 안 된다)'는 금지의 의미를 나타내거든.

- **A** 老师，我们休息十分钟，可以吗？ 선생님, 저희 10분 쉬어도 되나요?

  Lǎoshī, wǒmen xiūxi shí fēnzhōng, kěyǐ ma?

  B 当然可以！ 당연히 되지!

  Dāngrán kěyǐ!

- **A** 你要喝什么？ 무엇을 마시겠어요?

  Nǐ yào hē shénme?

  B 我要一杯冰美式。 저는 아이스 아메리카노 한 잔이요.

  Wǒ yào yì bēi bīng měishì.

- 你早点儿睡觉吧，因为明天我们要考试。 너 좀 일찍 자. 내일 우리 시험 봐야 하니까.

  Nǐ zǎo diǎnr shuìjiào ba, yīnwèi míngtiān wǒmen yào kǎoshì.

✔체크체크 밑줄 친 부분에 알맞은 조동사를 넣어 말해 보세요.

可以	能	会	想	要
kěyǐ	néng	huì	xiǎng	yào

❶ 我_____去超市买东西。 나는 슈퍼마켓에 가서 물건을 살 거예요.

　Wǒ _____ qù chāoshì mǎi dōngxi.

❷ 你_____游泳吗？ 너는 수영할 줄 아니?

　Nǐ _____ yóuyǒng ma?

❸ 我也_____学跳舞。 나도 춤을 배우고 싶어요.

　Wǒ yě _____ xué tiàowǔ.

❹ 外面雨很大，我不_____开车。 밖에 비가 많이 와서 저는 운전할 수 없어요.

　Wàimiàn yǔ hěn dà, wǒ bù _____ kāichē.

❺ **A** 老师，我能问(一)个问题吗？ 선생님, 제가 질문 하나 해도 될까요?

　　Lǎoshī, wǒ néng wèn (yí) ge wèntí ma?

　 B _____！ 해도 되지!

　　_____！

레벨업단어 ● 06-04

公交车 gōngjiāochē 몡 버스 ｜ 工作日 gōngzuòrì 몡 근무일 ｜ 午饭 wǔfàn 몡 점심(밥) ｜ 走 zǒu 동 가다 ｜
当然 dāngrán 閉 당연히 ｜ 早 zǎo 閉 이르다 ｜ 游泳 yóuyǒng 동 수영하다 몡 수영 ｜ 跳舞 tiàowǔ 동 춤을 추다
｜ 大 dà 혱 (수량이) 많다 ｜ 问题 wèntí 몡 문제

You Quiz?!

1 녹음을 듣고 사진과 일치하면 O, 일치하지 않으면 X를 표시하세요. 🔊 06-05

(1)

(2)

(3)

(4)

2 녹음을 듣고 내용에 알맞은 사진을 고르세요. 🔊 06-06

(1) ① 　② 　③

(2) ① 　② 　③

3 녹음을 듣고 내용에 알맞은 답을 고르세요. ● 06-07

(1) ① 他们5分钟能到那儿。 Tāmen wǔ fēnzhōng néng dào nàr.

② 他明天有重要的会议。 Tā míngtiān yǒu zhòngyào de huìyì.

③ 他想早点儿到公司。 Tā xiǎng zǎo diǎnr dào gōngsī.

(2) ① 他不想学开车。 Tā bù xiǎng xué kāichē.

② 他下个月五号去学开车。 Tā xià ge yuè wǔ hào qù xué kāichē.

③ 他有车。 Tā yǒu chē.

4 웹툰을 보고 빈칸에 들어갈 단어를 보기에서 골라 대화를 완성하세요. ● 06-08

보기	要	想	因为	听说	到
	yào	xiǎng	yīnwèi	tīngshuō	dào

네 사람 我们＿＿＿＿＿＿西安了！

Wǒmen ＿＿＿＿＿＿ Xī'ān le!

찐쭝밍 ＿＿＿＿＿＿西安有很多好吃的东西。 *好吃 hǎochī 맛있다

＿＿＿＿＿＿ Xī'ān yǒu hěn duō hǎochī de dōngxi.

리따리 对，我特别＿＿＿＿＿＿吃凉皮。 *特别 tèbié 특히 *凉皮 Liángpí 량피 [중국식 비빔냉면]

Duì, wǒ tèbié ＿＿＿＿＿＿chī Liángpí.

까오페이 我想吃油泼面！ *油泼面 Yóupōmiàn 요우포미엔 [중국식 비빔면]

Wǒ xiǎng chī Yóupōmiàn!

리위 我们现在 ＿＿＿＿＿＿去博物馆，＿＿＿＿＿＿老板在那儿等我们。

Wǒmen xiànzài ＿＿＿＿＿＿ qù bówùguǎn, ＿＿＿＿＿＿ lǎobǎn zài nàr děng wǒmen.

세 사람 好。

Hǎo.

5 다음 메신저 질문에 중국어로 답해 보세요.

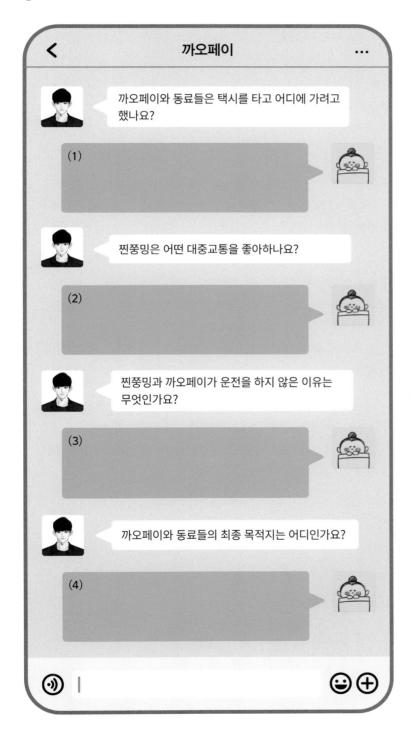

> **까오페이**

까오페이와 동료들은 택시를 타고 어디에 가려고 했나요?

(1)

찐쭝밍은 어떤 대중교통을 좋아하나요?

(2)

찐쭝밍과 까오페이가 운전을 하지 않은 이유는 무엇인가요?

(3)

까오페이와 동료들의 최종 목적지는 어디인가요?

(4)

중알못도 중잘알

중국 친구의 집에 초대된다면 우리는 무엇을 신경 써야 할까요? 나라마다 환경과 문화가 다르기 때문에, 중국의 손님 접대 문화를 미리 알고 있다면 많은 도움이 될 거예요.

시간 약속

초대 시간을 정할 때는 보통 집주인의 시간에 맞춥니다. 중국은 학교나 회사에서도 낮잠 시간이 있을 만큼 일상생활에서 낮잠을 매우 중요하게 생각해요. 그래서 점심 먹고 낮잠 자는 시간인 12시부터 2시까지는 상대방을 배려해 되도록 약속 잡는 것을 피하기도 합니다.

선물

보통은 과일이나 보양식품을 사 가거나 집에 아이가 있다면 장난감, 그림책을 사 가면 돼요. 한국만의 특별한 선물을 주면 더 좋아할 거예요. 그런데 우리가 주의해야 할 것이 있어요. 중국은 우리와 달리 흰색을 불길한 색이라 여기기 때문에, 흰색 선물은 가급적 피하는 게 좋아요.

식사 시간

중국인은 일단 손님을 초대하면 대접을 잘해야 한다는 의식이 강해요. 많은 음식을 차려서 손님들이 마음껏 먹을 수 있도록 하죠. 자리에 앉을 때는 주인의 초대에 따라 윗사람에서 아랫사람 순으로 앉아요. 술을 권하기도 하고, 직접 음식을 덜어주면서 많이 먹으라고 거듭 권합니다. 맛있는 음식이 가득할지라도 차린 게 없다고 겸손을 표하죠. 우리는 주인의 음식 솜씨를 칭찬하거나 그릇에 담긴 음식을 깨끗하게 먹는 걸로 감사를 표할 수 있답니다.

작별 인사

식사 자리가 어느 정도 마무리되어도 항상 "더 앉아요" "더 드세요"같은 인사치레를 하며 손님을 잡는데, 적당한 시간이 되면 "打扰了(dǎrǎo le, 실례했어요)" "添麻烦了(tiān máfan le, 실례했어요)" "谢谢了(xièxie le, 감사합니다)"와 같은 감사 인사를 하며 자리를 마무리하면 됩니다.

7화

Tā xiànzài zhùzài nǎlǐ?

他现在住在哪里？

APP 학습

샤오씽의 등장!
그녀는 누구?

7화 미리보기

까오페이의 사촌 동생인 샤오씽이 갑자기 나타났다. 집 앞에서 까오페이를 기다리던 샤오씽은 퇴근해서 돌아온 린티엔아이와 만나게 되는데……

 학습 포인트

사는 곳 묻고 답하기

▶ 7화 他现在住在哪里? Tā xiànzài zhùzài nǎlǐ?
그는 지금 어디 살아요?

Wéi, Xiǎo Xīng.
喂, 小星。

Wéi, biǎogē, wǒ hǎo xiǎng nǐ.
喂, 表哥, 我好想你。

Shuō bā, yǒu shénme shì?
说吧, 有什么事?

Wǒ zài nǐmen xiǎoqūlǐ.
我在你们小区里。

Nǐ lái Běijīng le ma?
你来北京了吗?

Nǐ děng wǒ, wǒ xiànzài huíjiā.
你等我, 我现在回家。

까오페이	여보세요, 샤오씽.
샤오씽	여보세요, 오빠, 너무 보고 싶다.
까오페이	말해 봐, 무슨 일 있어?
샤오씽	나 오빠네 동네에 있어.
까오페이	너 베이징에 왔어? 기다려 봐, 내가 지금 집에 갈게.

린티엔아이 　안녕하세요, 까오페이 찾아요?
샤오씽 　　　맞아요, 까오페이를 아세요?
린티엔아이 　저는 그의 이웃이고, A702에 살아요.
샤오씽 　　　저는 까오페이의 사촌 여동생인데, 오빠가 집에 없어서 기다리고 있어요.

린티엔아이   우리 집에 가서 기다려요.
샤오씽   고맙습니다.
샤오씽   작년에 어떤 잘생긴 오빠가 여기 살았어요.
린티엔아이   그래요? 그 사람 지금은 어디 사는데요?
샤오씽   그 오빠 지금은 프랑스에 살아요.
린티엔아이   프랑스에서 뭐 해요?
샤오씽   그는 프랑스의 학교에서 디저트 만드는 것을 배워요.

SCENE #1

까오페이　喂，小星。
Wéi, Xiǎo Xīng.

샤오씽　喂，表哥，我好想你。
Wéi, biǎogē, wǒ hǎo xiǎng nǐ.

까오페이　说吧，有什么事？
Shuō ba, yǒu shénme shì?

샤오씽　我在你们小区里。
Wǒ zài nǐmen xiǎoqū li.

까오페이　你来北京了吗？你等我，我现在回家。
Nǐ lái Běijīng le ma?　Nǐ děng wǒ, wǒ xiànzài huíjiā.

SCENE #2

린티엔아이　你好，你找高飞吗？
Nǐ hǎo, nǐ zhǎo Gāo Fēi ma?

샤오씽　对，你认识他吗？
Duì, nǐ rènshi tā ma?

린티엔아이　我是他的邻居，我住在A702。
Wǒ shì tā de línjū, wǒ zhùzài A qī líng èr.

새단어모음.zip　●07-02

表哥 biǎogē 〔명〕사촌 형(오빠)
好 hǎo 〔부〕아주, 매우
想 xiǎng 〔동〕보고 싶어 하다, 그리워하다
小区 xiǎoqū 〔명〕동네, 단지, 구역

回家 huíjiā 〔동〕집으로 돌아가다
邻居 línjū 〔명〕이웃, 이웃 사람
住 zhù 〔동〕살다

샤오씽　我是高飞的表妹，他不在家，我在等他。
Wǒ shì Gāo Fēi de biǎomèi, tā bú zài jiā, wǒ zài děng tā.

SCENE #3

린티엔아이　去我家等吧。
Qù wǒ jiā děng ba.

샤오씽　谢谢。去年有一个帅哥住在这里。
Xièxie. Qùnián yǒu yí ge shuàigē zhùzài zhèlǐ.

린티엔아이　是吗？他现在住在哪里？
Shì ma? Tā xiànzài zhùzài nǎlǐ?

샤오씽　他现在住在法国。
Tā xiànzài zhùzài Fǎguó.

린티엔아이　他在法国做什么？
Tā zài Fǎguó zuò shénme?

샤오씽　他在法国的学校学习做甜点。
Tā zài Fǎguó de xuéxiào xuéxí zuò tiándiǎn.

Tip Tip

'喂' 사용법

'喂(wèi, wéi)'는 두 가지 성조로 발음하는데, 4성으로 발음하면 누군가를 부를 때 '저기요'라는 뜻이다. 2성으로 발음하면 전화 받을 때, '여보세요'의 의미이다.

表妹 biǎomèi 몡 사촌 여동생
去年 qùnián 몡 작년
帅哥 shuàigē 몡 잘생긴 남자, 멋진 남자
学校 xuéxiào 몡 학교

学习 xuéxí 동 공부하다 몡 공부, 학습
甜点 tiándiǎn 몡 디저트, (맛이) 단 빵이나 과자류
小星 Xiǎo Xīng 고유 샤오씽 [인명]
法国 Fǎguó 고유 프랑스

● 정도부사 '好'

'좋다'라는 의미의 형용사 '好(hǎo)'의 용법에 익숙했었지? 이번에는 '好'의 부사 용법에 대해 배워 보자. '好'가 정도부사로 쓰이면 '정말' '아주' '매우'라는 뜻으로, 동사나 형용사 앞에 놓여 정도가 심함을 나타내. 문장 끝에 '啊'를 넣어서 감탄의 어기를 더욱 강조할 수 있어.

또한 정도부사 '好'는 시간을 나타내는 말 앞에 쓰여 긴 시간을 나타내고, 수량사 앞에 쓰여 수량이 많음을 나타내기도 해.

- 我好想你。 나는 네가 정말 보고 싶어.
  Wǒ hǎo xiǎng nǐ.

- 她好漂亮啊! 그녀는 정말 예뻐요!
  Tā hǎo piàoliang a!

- 我有好几天没见到她了。 나는 며칠째 그녀를 보지 못했어요.
  Wǒ yǒu hǎo jǐ tiān méi jiàndào tā le.

- 我给他打了好几次电话，他都没有接。 나는 그에게 몇 번이나 전화를 걸었지만 그는 받지 않았다.
  Wǒ gěi tā dǎ le hǎo jǐ cì diànhuà tā dōu méiyǒu jiē.

● 결과보어 '在'

'在(zài)'는 다양하게 쓰임이 많은 만능 어휘야. 그동안 '在'는 동사(~에 있다), 부사(~하고 있다), 개사(~에서)로 참 다양하게 활용되었지! 오늘 배울 '在'의 위치를 볼래? 동사 '住(zhù)' 뒤에 '在'가 와서 '住在(zhùzài, ~에서 살다)'의 형식으로 쓰였어. 이때 '在'는 동작이 어떤 장소, 위치에 고정되어 있음을 뜻하는데, 동사 뒤에서 '결과보어'의 역할을 하고 있는 거야.

결과보어가 뭐냐고? 동사 뒤에 놓여 동작의 결과를 보충 설명하는 보어를 '결과보어'라고 해.

- 我住在北京。 나는 베이징에 살아요.
  Wǒ zhùzài Běijīng.

- 姐姐住在学校的宿舍。 언니는 학교 기숙사에서 살아요.
  Jiějie zhùzài xuéxiào de sùshè.

- 王奶奶住在906。 왕 할머니께서는 906호에 사세요.
  Wáng nǎinai zhùzài jiǔ líng liù.

- A 请问，金老师坐在哪里？ 실례하지만, 김 선생님은 어디에 앉아 계시나요?
  Qǐng wèn, Jīn lǎoshī zuòzài nǎlǐ?

  B 他坐在A-6。 그는 A-6에 앉아 있어요.
  Tā zuòzài A-liù.

- A 你看见他了吗？ 너 그를 보았니?
  Nǐ kànjiàn tā le ma?

  B 看见了。你看，他站在高飞的旁边。 봤어. 봐, 그는 까오페이 옆에 서 있어.
  Kànjiàn le. Nǐ kàn, tā zhànzài Gāo Fēi de pángbiān.

Tip Tip

'我住北京'이라고 하면 안 되나요?

'我住在北京。'에서 동사 '住(살다)' 뒤에 '在'가 오면서 자신이 살고
있는 고정된 위치, 지점을 나타낸다. 특히 자신이 오래 살고 있는 장
소를 나타낼 때(또는 원래 그곳 출신일 때), '住在'를 쓸 수 있다. '我
在北京住。'는 베이징 출신은 아니지만 어떤 이유로 일시적으로 그
곳에 산다는 의미가 담겨 있다. 중국 사람들은 버릇처럼 '在'를 생략
해서, '我住北京。'이라고도 하는데, 하지만 이것은 문법적으로 올바
른 표현은 아니다.

 레벨업단어 ● 07-04

漂亮 piàoliang 형 예쁘다, 아름답다 ∣ 接 jiē 통 (전화를) 받다 ∣ 宿舍 sùshè 명 기숙사 ∣ 金 Jīn 고유 김 [성씨] ∣
站 zhàn 통 서다, 일어서다

You Quiz?!

1 녹음을 듣고 내용에 알맞은 사진을 고르세요. 🔊 07-05

(1) ①  ②  ③

(2) ①  ②  ③

(3) ①  ②  ③

2 녹음을 듣고 내용에 알맞은 답을 고르세요. 🔊 07-06

(1) ① 林医生现在在家。 Lín yīshēng xiànzài zài jiā.

　　② 他们在打电话。 Tāmen zài dǎ diànhuà.

　　③ 林医生两分钟后回家。 Lín yīshēng liǎng fēnzhōng hòu huíjiā.

(2) ① 他现在不在小区里。 Tā xiànzài bú zài xiǎoqū li.

　　② 他现在在学校里。 Tā xiànzài zài xuéxiào li.

　　③ 他住在阳光上东小区。 Tā zhùzài yángguāng shàngdōng xiǎoqū.

*阳光上东 Yángguāng shàngdōng 양광상둥 [베이징 왕징에 위치한 동네]

(3) ① 他的女朋友住在这个小区。 Tā de nǚpéngyǒu zhùzài zhè ge xiǎoqū.

② 他的女朋友好漂亮。 Tā de nǚpéngyǒu hǎo piàoliang.

③ 他的女朋友不住在这个小区。 Tā de nǚpéngyǒu bú zhùzài zhè ge xiǎoqū.

3 제시된 문장과 어울리는 내용을 고르세요.

(1)
我好想你啊！ Wǒ hǎo xiǎng nǐ a!

① 我也很想你。 Wǒ yě hěn xiǎng nǐ.

② 我想去北京。 Wǒ xiǎng qù Běijīng.

③ 我不想看电影。 Wǒ bù xiǎng kàn diànyǐng.

(2)
喂，您找谁? Wéi, nín zhǎo shéi?

① 喂，你等一下！ Wèi, nǐ děng yíxià!

② 您好，我是金中明。 Nín hǎo, wǒ shì Jīn Zhōngmíng.

③ 喂，高飞在吗? Wéi, Gāo Fēi zài ma?

(3)
你住在哪儿? Nǐ zhùzài nǎr?

① 我想住在你的小区。 Wǒ xiǎng zhùzài nǐ de xiǎoqū.

② 我回家了。 Wǒ huíjiā le.

③ 我住在上海。 Wǒ zhùzài Shànghǎi.

4 의미에 맞게 주어진 단어를 바르게 배열하세요.

(1)

在	我们	吧	里面	超市	等
zài	wǒmen	ba	lǐmiàn	chāoshì	děng

우리 슈퍼마켓 안에서 기다리자.

_____ 。

(2)

表妹	我的	住	在	这里	去年
biǎomèi	wǒ de	zhù	zài	zhèlǐ	qùnián

작년에 내 사촌 여동생은 여기에 살았다.

_____ 。

5 주어진 의미에 맞게 문장을 완성해 보세요.

(1)

> 기다려, 나 10분 후에 집에 도착해.

你等我，我_____到家。

Nǐ děng wǒ, wǒ _____ dào jiā.

(2)

> 저는 그를 알아요. 그는 제 이웃이에요.

我认识他，他是_____。

Wǒ rènshi tā, tā shì _____ .

(3)

> 그는 미국의 대학에서 영어를 가르칩니다.

他_____教英语。

Tā _____ jiāo Yīngyǔ.

6 다음 메신저 질문에 중국어로 답해 보세요.

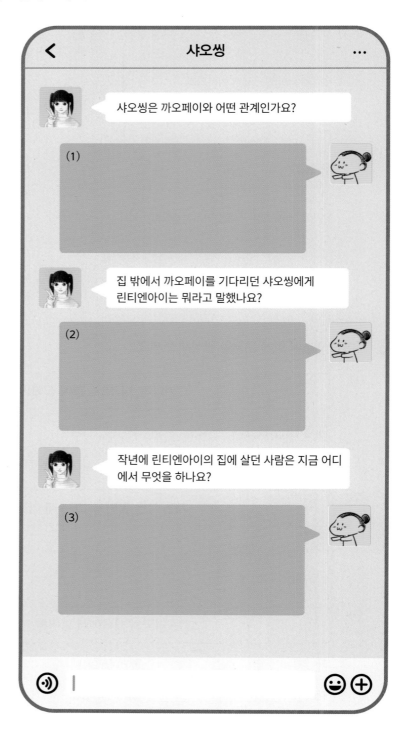

▶ 8화 　Wǒ shì zuò fēijī lái de.
我是坐飞机来的。

APP 학습

예쁜 예술품이 가득한
린티엔아이의 집 공개!

8화 미리보기

린티엔아이의 집에 가게 된 샤오씽! 그녀는 집에 있는 화려한 예술품을 구경하며, 린티엔아이에게 이런 저런 질문을 시작한다.

학습 포인트

강조 표현 | 원인 묻기

▶ 8화 我是坐飞机来的。 Wǒ shì zuò fēijī lái de.

나는 비행기를 타고 왔어요.

린티엔아이　앉아요. 뭐 마실래요?
샤오씽　　　저는 핫초코 마시고 싶어요.
린티엔아이　알았어요, 기차 타고 왔어요?
샤오씽　　　저는 비행기 타고 왔어요.
린티엔아이　핫초코 왔어요!

Zhè bēizi zhēn kě'ài.
这杯子真可爱。

Zhè ge bēizi shì Gāo Fēi mǎi de.
这个杯子是高飞买的。

Nǐ de yǐzi hǎo piàoliang!
你的椅子好漂亮!

Xièxie, zhè ge yǐzi
谢谢，这个椅子
shì èr líng yī sān nián mǎi de.
是2013年买的。

Nǐ shì zài nǎlǐ mǎi de?
你是在哪里买的?

798创意店

Wǒ shì zài Qījiǔbā mǎi de.
我是在798买的。

샤오씽	이 컵 정말 귀엽네요.
린티엔아이	이 컵은 까오페이가 산 거예요.
샤오씽	의자가 참 예뻐요!
린티엔아이	고마워요. 이 의자는 2013년에 산 거예요.
샤오씽	어디에서 샀어요?
린티엔아이	798예술구에서 샀어요.

这是张一木老师的画吗？
Zhè shì Zhāng Yīmù lǎoshī de huà ma?

对，我和张先生是朋友。
Duì, wǒ hé Zhāng xiānsheng shì péngyou.

你们是在哪儿认识的？
Nǐmen shì zài nǎr rènshi de?

我们是在学校认识的，
Wǒmen shì zài xuéxiào rènshi de,
他是我中学同学。
tā shì wǒ zhōngxué tóngxué.

샤오씽	이건 장이무 선생님 그림인가요?
린티엔아이	맞아요. 저랑 장 선생은 친구예요.
샤오씽	두 사람은 어디에서 알게 되었어요?
린티엔아이	우리는 학교에서 알았어요. 그는 내 중고등학교 동창이에요.

샤오씽	그림 그릴 줄 알아요?
린티엔아이	네, 그런데 제가 일이 바빠서 그림 그릴 시간이 없네요.
샤오씽	저희 오빠도 그림 그릴 줄 알아요.
린티엔아이	그는 왜 그림을 배웠어요?
샤오씽	왜냐하면 오빠의 어머니가 화가예요.

SCENE #1

린티엔아이
请坐，你想喝什么？
Qǐng zuò, nǐ xiǎng hē shénme?

샤오씽
我想喝一杯热巧克力。
Wǒ xiǎng hē yì bēi rè qiǎokèlì.

린티엔아이
好的，你是坐火车来的吗？
Hǎo de, nǐ shì zuò huǒchē lái de ma?

샤오씽
我是坐飞机来的。
Wǒ shì zuò fēijī lái de.

린티엔아이
热巧克力来了！
Rè qiǎokèlì lái le!

SCENE #2

샤오씽
这杯子真可爱。
Zhè bēizi zhēn kě'ài.

린티엔아이
这个杯子是高飞买的。
Zhè ge bēizi shì Gāo Fēi mǎi de.

샤오씽
你的椅子好漂亮！
Nǐ de yǐzi hǎo piàoliang!

새단어모음 ● 08-02

热 rè 혱 덥다, 뜨겁다
巧克力 qiǎokèlì 몡 초콜릿
飞机 fēijī 몡 비행기
杯子 bēizi 몡 잔, 컵

可爱 kě'ài 혱 귀엽다, 사랑스럽다
椅子 yǐzi 몡 의자
年 nián 몡 년, 해

린티엔아이 　谢谢，这个椅子是2013年买的。
　　　　　　 Xièxie, zhè ge yǐzi shì èr líng yī sān nián mǎi de.

샤오씽 　你是在哪里买的？
　　　　 Nǐ shì zài nǎlǐ mǎi de?

린티엔아이 　我是在798买的。
　　　　　　 Wǒ shì zài Qījiǔbā mǎi de.

SCENE #3

샤오씽 　这是张一木老师的画吗？
　　　　 Zhè shì Zhāng Yīmù lǎoshī de huà ma?

린티엔아이 　对，我和张先生是朋友。
　　　　　　 Duì, wǒ hé Zhāng xiānsheng shì péngyou.

샤오씽 　你们是在哪儿认识的？
　　　　 Nǐmen shì zài nǎr rènshi de?

린티엔아이 　我们是在学校认识的，他是我中学同学。
　　　　　　 Wǒmen shì zài xuéxiào rènshi de, tā shì wǒ zhōngxué tóngxué.

画 huà ⑲ 그림 ⑧ 그리다
中学 zhōngxué ⑲ 중·고등학교, 중등학교

798艺术区 Qījiǔbā yìshùqū 고유 798예술구 [베이징에 위치한 종합예술단지]
张一木 Zhāng Yīmù 고유 장이무 [인명]

샤오씽   你会画画吗?
Nǐ huì huà huà ma?

린티엔아이   会，但是我工作很忙，没有时间画画。
Huì, dànshì wǒ gōngzuò hěn máng, méiyǒu shíjiān huà huà.

샤오씽   我哥也会画画。
Wǒ gē yě huì huà huà.

린티엔아이   他为什么学画画?
Tā wèishénme xué huà huà?

샤오씽   因为他的妈妈是画家。
Yīnwèi tā de māma shì huàjiā.

但是 dànshì 젭 하지만, 그런데
忙 máng 혱 바쁘다

为什么 wèishénme 때 왜, 어째서
画家 huàjiā 몡 화가

▶ 강조 표현 '是……的' 구문

'是……的(shì……de)' 구문을 사용하면 이미 발생한 동작의 시간, 장소, 방식, 대상, 조건, 목적 등을 강조해서 표현할 수 있어. 이때 '是(shì)'는 강조할 내용 앞에 쓰이고, 때로 생략할 수 있어. '的(de)'는 문장 끝에 놓이지. 상대방에게 질문할 때는 '是……的' 사이에 의문대명사를 넣어 질문하면 돼.

주어+(是)+시간/장소/방식/대상/조건/목적+동사+的

- **A** 他是什么时候回国的? 그는 언제 귀국했어요?
  Tā shì shénme shíhou huíguó de?

  B 他是去年回国的。 그는 작년에 귀국했어요.
  Tā shì qùnián huíguó de.

- **A** 你昨天买的裤子是什么颜色的? 네가 어제 산 바지는 무슨 색깔이야?
  Nǐ zuótiān mǎi de kùzi shì shénme yánsè de?

  B 我昨天买的裤子是黑色的。 내가 어제 산 바지는 검은색이야.
  Wǒ zuótiān mǎi de kùzi shì hēisè de.

✓체크체크 다음 그림을 보고 '是……的' 구문을 사용하여 질문하고 대답해 보세요.

❶

[哪儿/法国]

问　他是从哪儿来的? 그는 어디에서 왔나요?　*从 cóng ~에서
　　Tā shì cóng nǎr lái de?

答　_____。 그는 프랑스에서 왔어요.

❷

[怎么/骑自行车]

问　_____。 너는 어떻게 왔니?

答　_____。 나는 자전거 타고 왔어.

▶ 전환의 의미를 나타내는 '但是'

'但是(dànshì)'는 '그러나' '하지만'이라는 뜻으로, 전환관계를 나타내는 접속사야. 뒤 절의 맨 앞에 놓여서, 앞에서 말한 내용과 반대되거나 상대적인 내용을 말할 때 쓰여. 이 때, 앞 절은 사실을 설명하고, 진짜 하고자 하는 말은 뒤 절의 내용이라는 것을 기억하자.

- 我很想去约会，但是我要工作。 나는 데이트하러 가고 싶지만 일해야 해요.
  Wǒ hěn xiǎng qù yuēhuì, dànshì wǒ yào gōngzuò.

- 这个杯子虽然很漂亮，但是太贵了。 이 컵은 비록 예쁘지만 너무 비싸요.
  Zhè ge bēizi suīrán hěn piàoliang, dànshì tài guì le.

▶ 원인을 묻는 '为什么'

'为什么(wèishénme)'는 원인을 물어볼 때 자주 쓰이는 의문대명사야. 보통 '为什么'로 물어보면, 접속사 '因为……, 所以……(yīnwèi……, suǒyǐ……)' 구문을 사용해서 대답하지. '~하기 때문에, 그래서 ~하다'라는 뜻으로, 원인과 결과를 표현할 때 쓸 수 있어.

- A 你为什么买这么多书？ 너 왜 이렇게 책을 많이 사?
  Nǐ wèishénme mǎi zhème duō shū?

  B 因为我最近开始学中文，所以我买了很多中文书。
  Yīnwèi wǒ zuìjìn kāishǐ xué Zhōngwén, suǒyǐ wǒ mǎi le hěn duō Zhōngwén shū.
  내가 요즘 중국어를 공부하기 시작해서, 중국어 책을 많이 샀어.

 ● 08-04

颜色 yánsè 명 색깔 | 黑色 hēisè 명 검은색 | 从 cóng 개 ~에서, ~부터 | 虽然……，但是…… suīrán……, dànshì…… 비록 ~하지만, ~하다 | 开始 kāishǐ 동 시작하다 | 因为……，所以…… yīnwèi ……, suǒyǐ …… ~하기 때문에, ~하다

1 녹음을 듣고 사진과 일치하면 O, 일치하지 않으면 X를 표시하세요. ● 08-05

(1)  ☐

(2)  ☐

2 녹음을 듣고 내용에 알맞은 사진을 고르세요. ● 08-06

(1) ①  ②  ③

(2) ①  ②  ③

(3) ①  ②  ③

(4) ①  ②  ③

3 녹음을 듣고 내용에 알맞은 답을 고르세요. ● 08-07

(1) ① 张老师是坐地铁来的。　Zhāng lǎoshī shì zuò dìtiě lái de.

　　② 张老师是坐自行车来的。　Zhāng lǎoshī shì zuò zìxíngchē lái de.

　　③ 张老师是坐公交车来的。　Zhāng lǎoshī shì zuò gōngjiāochē lái de.

(2) ① 他们在大学工作。　Tāmen zài dàxué gōngzuò.

　　② 他们是大学生。　Tāmen shì dàxuéshēng.

　　③ 他们是在大学认识的。　Tāmen shì zài dàxué rènshi de.

(3) ① 因为下雨了，所以她不会来的。
　　　Yīnwèi xià yǔ le, suǒyǐ tā bú huì lái de.

　　② 因为她太忙了，所以她不会来的。
　　　Yīnwèi tā tài máng le, suǒyǐ tā bú huì lái de.

　　③ 因为下雨了，所以她不坐飞机来。
　　　Yīnwèi xià yǔ le, suǒyǐ tā bú zuò fēijī lái.

4 다음 메신저 질문에 중국어로 답해 보세요.

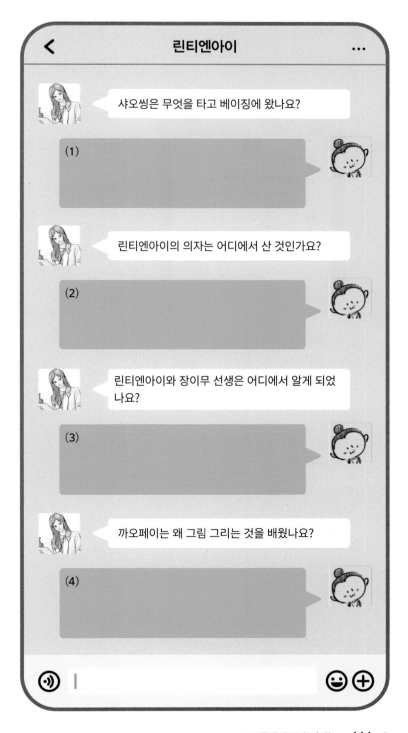

린티엔아이

샤오씽은 무엇을 타고 베이징에 왔나요?

(1)

린티엔아이의 의자는 어디에서 산 것인가요?

(2)

린티엔아이와 장이무 선생은 어디에서 알게 되었나요?

(3)

까오페이는 왜 그림 그리는 것을 배웠나요?

(4)

5 중고 물품을 거래 하는 상황입니다. 자연스러운 대화가 되도록 보기에서 알맞은 문장을 고르세요.

브랜드: Apple/苹果
기종: iPhone13
용량: 256G
색상: 白色
구매처: 首尔的苹果商店
구매날짜: 去年

A 我的手机是256GB的。
Wǒ de shǒujī shì èrbǎi wǔshí liù GB de.

B 我的手机是白色的。
Wǒ de shǒujī shì báisè de.

C 我的手机是在首尔的苹果商店买的。
Wǒ de shǒujī shì zài Shǒu'ěr de Píngguǒ shāngdiàn mǎi de.

D 我的手机是去年买的。
Wǒ de shǒujī shì qùnián mǎi de.

*白色 báisè 흰색　*苹果商店 Píngguǒ shāngdiàn 애플스토어

(1) 你的手机是什么颜色的?
Nǐ de shǒujī shi shénme yánsè de?

(2) 你的手机是什么时候买的?
Nǐ de shǒujī shì shénme shíhou mǎi de?

(3) 你的手机是在哪儿买的?
Nǐ de shǒujī shì zài nǎr mǎi de?

(4) 你的手机是多大的?
Nǐ de shǒujī shì duō dà de?

9화 미리보기

샤오씽은 까오페이에게 자신이 갑자기 베이징에 오게 된 이유를 말한다. 샤오씽은 베이징에서의 계획을 세우는데……

 학습 포인트

안부 묻기 | 가족 구성원 호칭

▶ 9화 你来北京做什么? Nǐ lái Běijīng zuò shénme?
당신은 베이징에 뭐 하러 왔어요?

까오페이   고모는?
샤오씽   엄마는 리 아주머니와 같이 태국에 놀러 가셨어.
까오페이   너는 베이징에 며칠 있으려고?
샤오씽   20일 머물려고 해.
까오페이   언제 개학해?
샤오씽   나 9월 10일에 개학해.
샤오씽   오빠 내일 나랑 같이 꾸궁에 갈 수 있어?

明天我去学开车。
Míngtiān wǒ qù xué kāichē.

我不想一个人去，
Wǒ bù xiǎng yí ge rén qù,
我和天爱姐一起去吧。
wǒ hé Tiān'ài jiě yìqǐ qù ba.

| 까오페이 | 내일은 나 운전 배우러 가. |
| 샤오씽 | 나 혼자 가기 싫은데, 티엔아이 언니랑 같이 갈 거야. |

SCENE #1

까오페이
你爸爸妈妈身体好吗?
Nǐ bàba māma shēntǐ hǎo ma?

샤오씽
他们身体很好。
Tāmen shēntǐ hěn hǎo.

까오페이
你来北京做什么?
Nǐ lái Běijīng zuò shénme?

샤오씽
我来北京玩儿, 因为我一个人在家太无聊了。
Wǒ lái Běijīng wánr, yīnwèi wǒ yí ge rén zài jiā tài wúliáo le.

까오페이
姑姑和姑父不在家吗?
Gūgu hé gūfu bú zài jiā ma?

샤오씽
他们不在家, 我爸爸去东京工作了。
Tāmen bú zài jiā, wǒ bàba qù Dōngjīng gōngzuò le.

SCENE #2

까오페이
姑姑呢?
Gūgu ne?

샤오씽
她和李阿姨一起去泰国玩儿了。
Tā hé Lǐ āyí yìqǐ qù Tàiguò wánr le.

새단어모음 **ZIP** ● 09-02

身体 shēntǐ 몡 신체, 몸, 건강
玩儿 wánr 동 놀다
无聊 wúliáo 혱 지루하다, 심심하다

姑姑 gūgu 몡 고모
姑父 gūfu 몡 고모부
阿姨 āyí 몡 이모, 아주머니

까오페이 你想在北京住几天?
Nǐ xiǎng zài Běijīng zhù jǐ tiān?

샤오씽 我想住20天。
Wǒ xiǎng zhù èrshí tiān.

까오페이 你什么时候开学?
Nǐ shénme shíhou kāixué?

샤오씽 我9月10号开学。
Wǒ jiǔ yuè shí hào kāixué.

샤오씽 你明天能和我一起去故宫吗?
Nǐ míngtiān néng hé wǒ yìqǐ qù Gùgōng ma?

SCENE #3

까오페이 明天我去学开车。
Míngtiān wǒ qù xué kāichē.

샤오씽 我不想一个人去，我和天爱姐一起去吧。
Wǒ bù xiǎng yí ge rén qù, wǒ hé Tiān'ài jiě yìqǐ qù ba.

开学 kāixué 동 개학하다
东京 Dōngjīng 고유 도쿄 [지명]

泰国 Tàiguó 고유 태국
故宫 Gùgōng 고유 꾸궁 [베이징에 있는 명·청대의 궁전]

▶ 가족구성원 호칭

 가족관계도를 보면서 중국의 가족 호칭에 대해 배워 보자!

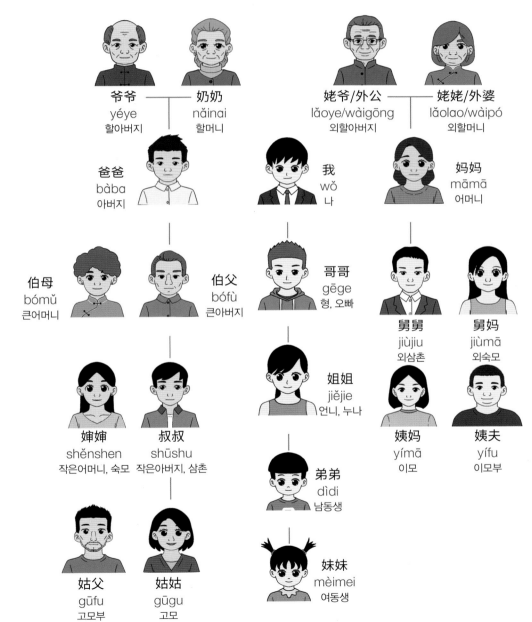

爷爷
yéye
할아버지

奶奶
nǎinai
할머니

姥爷/外公
lǎoye/wàigōng
외할아버지

姥姥/外婆
lǎolao/wàipó
외할머니

爸爸
bàba
아버지

我
wǒ
나

妈妈
māmā
어머니

伯母
bómǔ
큰어머니

伯父
bófù
큰아버지

哥哥
gēge
형, 오빠

舅舅
jiùjiu
외삼촌

舅妈
jiùmā
외숙모

婶婶
shěnshen
작은어머니, 숙모

叔叔
shūshu
작은아버지, 삼촌

姐姐
jiějie
언니, 누나

姨妈
yímā
이모

姨夫
yífu
이모부

弟弟
dìdi
남동생

姑父
gūfu
고모부

姑姑
gūgu
고모

妹妹
mèimei
여동생

✓체크체크 괄호 안에 알맞은 호칭을 넣어 문장을 완성해 보세요.

❶ 爸爸的弟弟是＿＿＿＿＿＿＿。
Bàba de dìdi shì ＿＿＿＿＿＿.

❷ 妈妈的姐姐是＿＿＿＿＿＿＿。
Māma de jiějie shì ＿＿＿＿＿＿.

❸ 爸爸的爸爸是＿＿＿＿＿＿＿。
Bàba de bàba shì ＿＿＿＿＿＿.

❹ 妈妈的妈妈是＿＿＿＿＿＿＿。
Māma de māma shì ＿＿＿＿＿＿.

 개사 '和'

'和(hé, ~와/과)'는 단어와 단어를 연결하는 접속사로 쓰이지만, 개사의 용법으로도 쓰여. 개사 '和' 뒤에는 사람, 사물, 장소를 나타내는 말이 올 수 있고, 뒤에 부사 '一起(yìqǐ)'가 와서 'A和B一起……'의 형식으로 자주 쓰여.

A和B+一起+동사: A는 B와 함께 ~을 하다

• 奥利奥和牛奶一起吃很好吃。 오레오는 우유와 같이 먹으면 아주 맛있어요.
Àolìào hé niúnǎi yìqǐ chī hěn hǎochī.

• 张老师和学生们一起去美国旅游了。 장 선생님은 학생들과 같이 미국 여행을 가셨어요.
Zhāng lǎoshī hé xuéshengmen yìqǐ qù Měiguó lǚyóu le.

 ● 09-04

奥利奥 Àolìào 고유 오레오 [스낵] ｜ 好吃 hǎochī 형 맛있다

1 녹음을 듣고 사진과 일치하면 O, 일치하지 않으면 X를 표시하세요. ● 09-05

(1)

(2)

(3)

(4)

2 녹음을 듣고 내용에 알맞은 사진을 고르세요. ● 09-06

(1) ①

②

③

(2) ①

②

③

3 녹음을 듣고 질문에 알맞은 답을 고르세요. ● 09-07

(1) ① 因为她去东京旅游了。 Yīnwèi tā qù Dōngjīng lǚyóu le.

② 因为她在韩国工作。 Yīnwèi tā zài Hánguó gōngzuò.

③ 因为她在东京工作。 Yīnwèi tā zài Dōngjīng gōngzuò.

(2) ① 那个电影很好看。 Nà ge diànyǐng hěn hǎokàn.

② 那个电影很无聊。 Nà ge diànyǐng hěn wúliáo.

③ 他们都想去看那个电影。 Tāmen dōu xiǎng qù kàn nà ge diànyǐng.

(3) ① 他不会说中文。 Tā bú huì shuō Zhōngwén.

② 他学习中文10天了。 Tā xuéxí Zhōngwén shí tiān le.

③ 他学习中文50天了。 Tā xuéxí Zhōngwén wǔshí tiān le.

4 의미에 맞게 주어진 단어를 바르게 배열하세요.

(1)

一个	无聊	家	很	在	人
yí ge	wúliáo	jiā	hěn	zài	rén

혼자 집에 있으면 심심해요.

_____ 。

(2)

开学	时候	学校	什么	你们
kāixué	shíhou	xuéxiào	shénme	nǐmen

너희 학교는 언제 개학해?

_____ ?

5 다음 메신저 질문에 중국어로 답해 보세요.

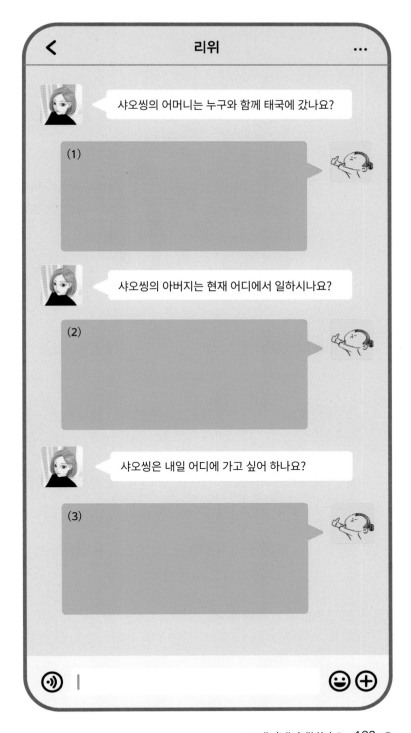

6 빈칸에 들어갈 단어를 보기에서 골라 단문을 완성하세요. ●09-08

| 보기 |

一起	因为	所以	想	会
yìqǐ	yīnwèi	suǒyǐ	xiǎng	huì

这个星期我来北京了，我_____去故宫和798。

Zhè ge xīngqī wǒ lái Běijīng le, wǒ _____ qù Gùgōng hé Qījiǔbā.

天爱姐说她_____开车，她有时间，她能和我一起去。

Tiān'ài jiě shuō tā _____ kāichē, tā yǒu shíjiān, tā néng hé wǒ yìqǐ qù.

高飞哥哥也想和我们_____去，但是他下周不在北京。

Gāo Fēi gēge yě xiǎng hé wǒmen _____ qù, dànshì tā xià zhōu bú zài Běijīng.

_____他要去上海开会，_____我们没和他一起去。

_____ tā yào qù Shànghǎi kāihuì, _____ wǒmen méi hé tā yìqǐ qù.

这次来北京，我很高兴。　*次 cì 번, 횟수
Zhè cì lái Běijīng, wǒ hěn gāoxìng.

10화 미리보기

샤오씽은 외국에 계시는 부모님과 영상통화를 하며 서로의 안부를 묻는다. 그들은 각자 있는 곳의 날씨에 대해 이야기를 나누는데…….

학습 포인트

날씨 표현하기 | **정도부사**

那儿的天气怎么样? Nàr de tiānqì zěnmeyàng?

그곳의 날씨는 어떤가요?

Māma, nǐ de yīfu
妈妈，你的衣服
tài piàoliang le.
太漂亮了。

Zhè shì zài Tàiguó de shāngdiàn mǎi de.
这是在泰国的商店买的。

Tàiguó hǎowánr ma?
泰国好玩儿吗?

Tàiguó de tiānqì zěnmeyàng?
泰国的天气怎么样?

Hǎowánr, zhèr de
好玩，这儿的
shuǐguǒ yě hěn hǎochī.
水果也很好吃。

Tàiguó tài rè le.
泰国太热了。
Běijīng xià yǔ le ma?
北京下雨了吗?

샤오씽	엄마, 옷이 너무 예뻐요.
어머니	이거 태국 상점에서 산 거야.
아버지	태국은 재미있어요?
어머니	재미있어요. 여기 과일도 참 맛있어요.
샤오씽	태국의 날씨는 어때요?
어머니	태국은 너무 더워. 베이징은 비가 왔니?

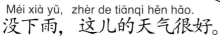

Méi xià yǔ, zhèr de tiānqì hěn hǎo.
没下雨，这儿的天气很好。

Dōngjīng lěng ma?
东京冷吗?

Bú tài máng. Gāo Fēi bú zài jiā ma?
不太忙。高飞不在家吗?

Zhèlǐ bù lěng bú rè.
这里不冷不热。

Bàba, nǐ gōngzuò máng ma?
爸爸，你工作忙吗?

Tā hé Bǐnggān yìqǐ qù sànbù le.
他和饼干一起去散步了。

샤오씽	비 안 왔어요. 여기 날씨가 아주 좋아요.
어머니	도쿄는 추워요?
아버지	여기는 춥지도 않고 덥지도 않아요.
샤오씽	아빠, 일 바쁘세요?
아버지	별로 바쁘지는 않아. 까오페이는 집에 없니?
샤오씽	오빠는 빙깐이랑 같이 산책 갔어요.

SCENE #1

샤오씽 妈妈，你的衣服太漂亮了。
Māma, nǐ de yīfu tài piàoliang le.

샤오씽 엄마 这是在泰国的商店买的。
Zhè shì zài Tàiguó de shāngdiàn mǎi de.

샤오씽 아빠 泰国好玩儿吗？
Tàiguó hǎowánr ma?

샤오씽 엄마 好玩儿，这儿的水果也很好吃。
Hǎowánr, zhèr de shuǐguǒ yě hěn hǎochī.

샤오씽 泰国的天气怎么样？
Tàiguó de tiānqì zěnmeyàng?

샤오씽 엄마 泰国太热了。北京下雨了吗？
Tàiguó tài rè le.　Běijīng xià yǔ le ma?

새단어모음 .zip ● 10-02

衣服 yīfu 명 옷
商店 shāngdiàn 명 상점
好玩(儿) hǎowán(r) 형 재미있다, 흥미 있다

好吃 hǎochī 형 맛있다
天气 tiānqì 명 날씨

SCENE #2

샤오씽
没下雨，这儿的天气很好。
Méi xià yǔ, zhèr de tiānqì hěn hǎo.

샤오씽 엄마
东京冷吗？
Dōngjīng lěng ma?

샤오씽 아빠
这里不冷不热。
Zhèlǐ bù lěng bú rè.

샤오씽
爸爸，你工作忙吗？
Bàba, nǐ gōngzuò máng ma?

샤오씽 아빠
不太忙。高飞不在家吗？
Bú tài máng. Gāo Fēi bú zài jiā ma?

샤오씽
他和饼干一起去散步了。
Tā hé Bǐnggān yìqǐ qù sànbù le.

冷 lěng 형 춥다
忙 máng 형 바쁘다

散步 sànbù 동 산책하다

▶ 날씨 표현하기

일상적인 대화에서 날씨 이야기는 빼놓을 수 없지. 특히 중국은 땅이 넓어서, 지역 간 기후 차이가 매우 커. 남쪽 지역에 사는 사람들은 기후가 따뜻해서 난방을 켤 일도 거의 없고, 눈이 내리는 것을 본 적도 없을 정도지. 우리가 여러 지역의 중국인과 대화를 나누려면, 다양한 날씨 표현을 알고 있어야 해.

晴天 qíngtiān
맑다

阴天 yīntiān
흐리다

下雪 xià xuě
눈이 내리다

下雨 xià yǔ
비가 내리다

有小雨
yǒu xiǎoyǔ
가랑비가 내리다

有大风
yǒu dàfēng
강풍이 불다

有雾霾
yǒu wùmái
미세먼지가 있다

有沙尘暴
yǒu shāchénbào
황사가 있다

- **A** 明天的天气怎么样? 내일 날씨는 어떤가요?
  Míngtiān de tiānqì zěnmeyàng?

  B 明天的天气很好。 / 明天的天气不好。 내일 날씨는 좋아요. / 내일 날씨는 안 좋아요.
  Míngtiān de tiānqì hěn hǎo. / Míngtiān de tiānqì bù hǎo.

- 上海的夏天经常下雨，冬天不常下雪。
  Shànghǎi de xiàtiān jīngcháng xià yǔ, dōngtiān bù cháng xià xuě.
  상하이의 여름은 비가 자주 내리고, 겨울은 눈이 자주 내리지 않아요.

이외에도 '冷(lěng, 춥다)' '热(rè, 덥다)' '暖和(nuǎnhuo, 따뜻하다)' 같은 형용사를 사용해 날씨를 표현할 수 있어.

- 今天非常冷，你要多穿点儿衣服。 오늘 매우 추우니까 너 옷을 두툼하게 껴입어야 해.
  Jīntiān fēicháng lěng, nǐ yào duō chuān diǎnr yīfu.

- 北京的秋天不冷也不热，天气很好。 베이징의 가을은 춥지도 덥지도 않고, 날씨가 좋아요.
  Běijīng de qiūtiān bù lěng yě bú rè, tiānqì hěn hǎo.

✓체크체크 다음 그림을 보고 문장을 완성하세요.

❶

今天＿＿＿＿＿＿＿＿。，明天＿＿＿＿＿＿＿＿。
Jīntiān ＿＿＿＿＿＿＿＿, míngtiān ＿＿＿＿＿＿＿＿.
오늘은 맑고, 내일은 흐려요.

❷

明天＿＿＿＿＿＿＿＿，后天＿＿＿＿＿＿＿＿。
Míngtiān ＿＿＿＿＿＿＿＿, hòutiān ＿＿＿＿＿＿＿＿.
내일은 미세먼지가 있고, 모레는 황사가 있어요.

❸

韩国的春天＿＿＿＿＿＿＿＿。
Hánguó de chūntiān ＿＿＿＿＿＿＿＿.
한국의 봄은 따뜻해요.

▶ 정도부사

술어(동사, 형용사) 앞에서 '정도'를 강조하는 정도부사 알지? 정도부사 뒤에는 일반적으로 형용사가 와서 어떤 상태의 정도를 강조해 줘. 예외적으로 '喜欢(xǐhuan)' '爱(ài)' 같이 심리를 나타내는 동사도 정도부사 뒤에 올 수 있어. 정도부사를 다양하게 활용한다면 훨씬 더 풍부한 표현이 가능해져.

형용사 '多' 앞에 사용된 다양한 정도부사

不多 bù duō 많지 않다	不太多 bú tài duō 그다지 많지 않다
有点儿多 yǒudiǎnr duō 조금 많다	比较多 bǐjiào duō 비교적 많다
很多 hěn duō 매우 많다	真多 zhēn duō 정말 많다
非常多 fēicháng duō 매우 많다	特别多 tèbié duō 특별히 많다
太多了 tài duō le 너무 많다	最多 zuì duō 가장 많다

- 我奶奶的房间非常干净。 우리 할머니의 방은 매우 깨끗해요.
  Wǒ nǎinai de fángjiān fēicháng gānjìng.

- 我弟弟最喜欢秋天。 내 남동생은 가을을 제일 좋아해요.
  Wǒ dìdi zuì xǐhuan qiūtiān.

- 今天天气有点儿冷。 오늘 날씨가 조금 추워요.
  Jīntiān tiānqì yǒudiǎnr lěng.

- 这家咖啡厅的咖啡不太好喝。 이 카페의 커피는 별로 맛이 없어요.
  Zhè jiā kāfēitīng de kāfēi bú tài hǎohē.

Tip 💡 Tip

有点儿 vs 一点儿 무엇이 다를까?

'有点儿(yǒudiǎnr)'과 '一点儿(yìdiǎnr)'은 둘 다 '조금' '약간'의 의미를 가지는데, 쓰임새는 서로 다르다.

有点儿+형용사: 기대와 차이가 있어서 약간 불만족스러울 때, 주로 부정적인 어감으로 쓰인다.

有点儿贵 조금 비싸다 ┃ 有点儿冷 조금 춥다
yǒudiǎnr guì   yǒudiǎnr lěng

형용사+一点儿: 객관적으로 비교했을 때 기준보다 '약간 ~하다'의 의미를 나타낸다.

便宜一点儿 좀 싸게 주세요 ┃ 冷一点儿 (다른 곳과 비교했을 때) 조금 춥다
piányi yìdiǎnr   lěng yìdiǎnr

레벨업단어 🔊 10-04

雾霾 wùmái 미세먼지 ┃ 沙尘暴 shāchénbào 황사 ┃ 经常 jīngcháng 🖣 자주, 언제나 ┃ 常 cháng 🖣 자주, 항상 ┃ 春天 chūntiān 몡 봄 ┃ 夏天 xiàtiān 몡 여름 ┃ 秋天 qiūtiān 몡 가을 ┃ 冬天 dōngtiān 몡 겨울 ┃ 干净 gānjìng 톙 깨끗하다

1 녹음을 듣고 사진과 일치하면 O, 일치하지 않으면 X를 표시하세요. ● 10-05

(1)

(2)

(3)

(4)

2 녹음을 듣고 내용에 알맞은 사진을 고르세요. ● 10-06

(1) ①

②

③

(2) ①

②

③

3 녹음을 듣고 질문에 알맞은 답을 고르세요. ● 10-07

(1) ① 有雾霾。yǒu wùmái.

② 有沙尘暴。yǒu shāchénbào.

③ 有小雨。yǒu xiǎoyǔ.

☐

(2) ① 衣服商店 yīfu shāngdiàn

② 水果商店 shuǐguǒ shāngdiàn

③ 苹果商店 píngguǒ shāngdiàn

☐

(3) ① 非常好。fēicháng hǎo.

② 有点儿热。yǒudiǎnr rè.

③ 有小雨。yǒu xiǎoyǔ.

☐

4 자연스러운 대화가 되도록 어울리는 문장을 선으로 연결해 보세요.

(1) 你想在北京住几天？ •
Nǐ xiǎng zài Běijīng zhù jǐ tiān?

• **A** 很好看，但是太贵了，可以便宜点儿吗？
Hěn hǎokàn, dànshì tài guì le, kěyǐ piányi diǎnr ma?

(2) 你没事吗？ •
Nǐ méi shì ma?

• **B** 我有点儿疼。
Wǒ yǒudiǎnr téng.

(3) 今天天气怎么样？ •
Jīntiān tiānqì zěnmeyàng?

• **C** 今天外面很冷，你多穿点儿衣服吧。
Jīntiān wàimiàn hěn lěng, nǐ duō chuān diǎnr yīfu ba.

(4) 这条裤子怎么样？ •
Zhè tiáo kùzi zěnmeyàng?

• **D** 我想住一个月。
Wǒ xiǎng zhù yí ge yuè.

(5) 你什么时候开学？ •
Nǐ shénme shíhou kāixué?

• **E** 我9月10号开学。
Wǒ jiǔ yuè shí hào kāixué.

5 다음 메신저 질문에 중국어로 답해 보세요.

리따리

泰国的天气怎么样?

(1)

东京的天气怎么样?

(2)

小星爸爸的工作忙吗?

(3)

高飞和饼干做什么?

(4)

중알못도 중잘알

중국 지역은 다양한 온도대로 인해 복잡한 기후 특성을 보여요. 하지만 한 곳만큼은 사계절이 봄처럼 따뜻해 '봄의 도시'로 불린답니다. 바로 윈난성(云南省)의 성도 쿤밍(昆明, Kūnmíng) 시예요. 쿤밍 시는 특수한 지형으로 인해 항상 따뜻해서 사계절 내내 꽃이 핍니다. 봄에는 위안통산(圓通山, Yuántōng shān) 벚꽃 잎이 사방에서 흩날리고, 여름에는 추이후(翠湖, Cuì hú)의 연꽃이 호수 안에 가득 피어 오리들이 헤엄치고, 가을에는 식물원의 단풍이 붉게 물들어 한 폭의 그림 같고, 겨울에는 시베리아의 붉은부리갈매기들이 쿤밍으로 날아와 겨울을 보내곤 해요. 이처럼 아름다운 경치를 자랑하는 쿤밍은 26개 소수민족이 살고 있는 대도시입니다.

한편, 중국에는 변화무쌍한 기후를 보여주는 지역도 있어요. 바로 신장의 우루무치(乌鲁木齐, Wūlǔmùqí) 시입니다. 이곳에서 여러분은 24시간 동안에 사계절의 날씨를 모두 경험해 볼 수 있답니다. 신장은 주변이 높은 산으로 둘러싸여 있어 해양의 습한 기류를 막기 때문에 건조한 대륙성 기후가 나타나요. 건조해서 비가 적게 오지만, 모래 바람이 많이 불고, 일교차가 크다는 특징이 있죠. '아침에 솜저고리를 입고, 점심에 얇은 옷을 입고서 화로에 둘러 앉아 수박을 먹는다.' 하루에도 몇 번씩 바뀌는 신장 지역의 온도 차를 알 수 있는 말이랍니다.

쿤밍

우루무치

Wǒ mǎi le bù shǎo cài.

我买了不少菜。

APP 학습

그녀를 위해 요리하는 까오페이

11화 미리보기 ▼

까오페이는 티엔아이를 위해 요리를 하려고 한다. 하지만 그의 계획에 차질이 생기는데······.

학습 포인트

동작의 완료 | 겸어문

▶ 11화 我买了不少菜。 Wǒ mǎi le bù shǎo cài.

나는 채소를 많이 샀어요.

샤오씽	오빠, 나 왔어!
까오페이	너 오전에 어디 갔었어?
샤오씽	티엔아이 언니랑 798에 갔었어. 오빠는 슈퍼에 가서 뭐 샀어?
까오페이	채소를 많이 샀어. 점심에 요리하게.

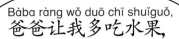

Bàba ràng wǒ duō chī shuǐguǒ,
爸爸让我多吃水果,
nǐ mǎi le ma?
你买了吗?

Wǒ mǎi le yìxiē píngguǒ,
我买了一些苹果,
zài zhuōzi shàngmiàn.
在桌子上面。

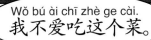

Wǒ bú ài chī zhè ge cài.
我不爱吃这个菜。

Tiān'ài ài chī, jiào tā lái chīfàn.
天爱爱吃，叫她来吃饭。

Tā zhōngwǔ kāihuì,
她中午开会,
méi shíjiān, tā wǎnshang huílái.
没时间，她晚上回来。

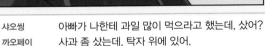

샤오씽	아빠가 나한테 과일 많이 먹으라고 했는데, 샀어?
까오페이	사과 좀 샀는데, 탁자 위에 있어.
샤오씽	나 이 채소 안 좋아하는데.
까오페이	티엔아이가 좋아해. 티엔아이한테 밥 먹으러 오라고 해.
샤오씽	언니는 점심에 회의 있어서 시간 없는데. 저녁에 돌아와.

까오페이	점심에 배달 음식 주문하자. 저녁에 밥 할래.
샤오씽	…….
까오페이	빙깐, 와서 밥 먹자! 빙깐?
샤오씽	빙깐은 탁자 밑에 있어.

SCENE #1

샤오씽 哥，我回来了!
Gē, wǒ huílái le!

까오페이 你上午去哪儿了?
Nǐ shàngwǔ qù nǎr le?

샤오씽 我和天爱姐去了798，你去超市买什么了?
Wǒ hé Tiān'ài jiě qù le Qījiǔbā, nǐ qù chāoshì mǎi shénme le?

까오페이 我买了不少菜，中午做饭。
Wǒ mǎi le bù shǎo cài, zhōngwǔ zuò fàn.

SCENE #2

샤오씽 爸爸让我多吃水果，你买了吗?
Bàba ràng wǒ duō chī shuǐguǒ, nǐ mǎi le ma?

까오페이 我买了一些苹果，在桌子上面。
Wǒ mǎi le yìxiē píngguǒ, zài zhuōzi shàngmiàn.

샤오씽 我不爱吃这个菜。
Wǒ bú ài chī zhè ge cài.

까오페이 天爱爱吃，叫她来吃饭。
Tiān'ài ài chī, jiào tā lái chīfàn.

샤오씽 她中午开会，没时间，她晚上回来。
Tā zhōngwǔ kāihuì, méi shíjiān, tā wǎnshang huílái.

새단어모음.zip 🔊 11-02

上午 shàngwǔ 몡 오전
不少 bù shǎo 적지 않다, 많다
中午 zhōngwǔ 몡 점심, 정오
做饭 zuò fàn 밥을 하다, 요리하다
让 ràng 동 ~하게 하다, ~하도록 시키다

一些 yìxiē 수량 약간, 조금
上面 shàngmiàn 몡 위, 위쪽
爱 ài 동 좋아하다, 즐겨하다
叫 jiào 동 ~하게 하다

까오페이　　**中午点外卖吧，晚上做饭。**
　　　　　　Zhōngwǔ diǎn wàimài ba, wǎnshang zuò fàn.

샤오씽　　　······

까오페이　　**饼干，来吃饭！饼干呢？**
　　　　　　Bǐnggān, lái chīfàn!　Bǐnggān ne?

샤오씽　　　**它在桌子下面呢。**
　　　　　　Tā zài zhuōzi xiàmiàn ne.

点 diǎn 图 주문하다
外卖 wàimài 图 포장 판매 음식, 배달 음식
　　　　　 图 (음식을) 포장 판매하다

下面 xiàmiàn 图 아래, 밑

완료를 나타내는 동태조사 '了'

'了(le)'의 용법은 정말 다양해. 1권에서 문장 끝에 어기조사 '了(le)'가 오면 '동작의 완성'이나 '상황의 변화'를 나타낸다고 배웠지. 오늘 배울 동태조사 '了'는 동사 뒤에 놓여. 어떤 동작이 이미 실현되었거나 완료되었음을 나타내지. 이때, 과거와 미래의 완료와 실현도 표현할 수 있어.

그런데 주의할 점이 있어! 동태조사 '了'만 써서 문장을 마치면 문장이 아직 끝나지 않은 느낌이 들어서, 뒤에 다른 성분이 더 필요해. 아니면 목적어 앞에 수량사(수사+양사)를 데려와서 문장을 마쳐야 해. 이때는 어떤 일이 발생한 수량을 강조하는 뜻이 되지.

- 昨天我看了很多中文书。 어제 나는 중국어 책을 많이 봤다. [과거의 완료]
  Zuótiān wǒ kàn le hěn duō Zhōngwén shū.

- 我最近认识了一个美国朋友。 나는 최근에 미국 친구 한 명을 알게 되었다. [과거의 완료]
  Wǒ zuìjìn rènshi le yí ge Měiguó péngyou.

- 明年毕了业以后，我想去北京找工作。
  Míngnián bì le yè yǐhòu, wǒ xiǎng qù Běijīng zhǎo gōngzuò.
  내년에 졸업한 후에 나는 베이징에 가서 취업하고 싶다. [미래의 완료]

동사가 두 번 나올 때 '了'의 위치

그럼 한 문장에서 동사가 두 번 나올 땐 '了'를 어디에 써야 할까? '我去超市买很多菜。' 처럼 한 문장에서 주어(我)는 하나인데 동사(去, 买)가 두 개인 문장을 연동문이라고 해. 이 문장을 과거 시제로 만들려면, 두 번째 동사 '买(mǎi)' 뒤에 '了'를 써서 핵심 내용을 완료해 주면 돼.

- 我去商店买了两件衣服。 나는 상점에 가서 옷을 두 벌 샀다.
  Wǒ qù shāngdiàn mǎi le liǎng jiàn yīfu.

그런데 예외가 있어. 만약 미래 시제를 나타내고 싶다면, '了'를 첫 번째 동사 뒤에 넣어 주면 돼. 대신 미래를 나타내는 시간명사를 넣거나 두 번째 동사 앞에 '就/再'를 써 주어야 미래의 표현이 돼.

- 我们明天吃了早饭去学校。 우리는 내일 아침을 먹고 학교에 간다.
  Wǒmen míngtiān chī le zǎofàn qù xuéxiào.

- 你下了课就来吧。 너 수업 끝나고 와.
  Nǐ xià le kè jiù lái ba.

▶ '了'의 부정문, 의문문

부정문은 동사 앞에 '没(有)'를 붙이고, '了'는 꼭 생략해야 해! 의문문은 문장 끝에 '吗(ma)' 또는 '没有(méiyǒu)'를 붙여 주면 돼.

- 我买了很多水果。 나는 과일을 많이 샀다. [평서문]
  Wǒ mǎi le hěn duō shuǐguǒ.

- 我没买很多水果。 나는 과일을 많이 사지 않았다. [부정문]
  Wǒ méi mǎi hěn duō shuǐguǒ.

- 你买了很多水果吗? 너는 과일을 많이 샀니? [의문문1]
  Nǐ mǎi le hěn duō shuǐguǒ ma?

- 你买了很多水果没有? 너는 과일을 많이 샀니? [의문문2]
  Nǐ mǎi le hěn duō shuǐguǒ méiyǒu?

✓체크체크 다음 문장에서 틀린 부분을 알맞게 고쳐 보세요.

❶ 我去了超市买很多东西。
  →

❷ 刘老师见四个学生了。
  →

❸ 我们昨天没看了电影。
  →

▶ 겸어문 표현

동사 '叫(jiào)'와 '让(ràng)'은 둘 다 '~하게 하다'라는 뜻을 가지고 있어서, 다른 사람으로 하여금 무언가를 하도록 시키거나, 부탁할 때 사용할 수 있어.

'겸어문'에 대해 들어봤니? 한 단어가 두 가지 역할을 겸한다는 의미야. 한 문장에서 첫 번째 동사의 목적어가 두 번째 동사의 주어가 되는 문장을 겸어문이라고 해. 한 단어가 목적어도 되고 주어도 겸하게 되는 거지. 겸어문은 보통 주어가 목적어에게 무언가를 시키는 요청, 명령, 부탁의 의미를 나타내.

주어1+叫/让(동사1)+목적어(주어2)+동사2+목적어
주어1이 주어2에게 동사2 하라고 하다

- 邻居叫我们不要晚上唱歌。 이웃이 우리에게 밤에 노래를 부르지 말라고 했다.
  Línjū jiào wǒmen bú yào wǎnshang chànggē.

- 老师让我做作业。 선생님은 나에게 숙제를 하라고 하셨다.
  Lǎoshī ràng wǒ zuò zuòyè.

- 老板没让你去办公室。 사장님은 너에게 사무실에 가라고 하지 않았어.
  Lǎobǎn méi ràng nǐ qù bàngōngshì.

- 我很想喝咖啡，妈妈不让我喝。 나는 커피를 마시고 싶은데, 엄마가 못 마시게 해요.
  Wǒ hěn xiǎng hē kāfēi, māma bú ràng wǒ hē.

 ● 11-04

美国 Měiguó 고유 미국 | 毕业 bìyè 동 졸업하다 | 找 zhǎo 동 찾다 | 刘 Liú 명 리우 [성씨] | 唱歌 chànggē 동 노래를 부르다 | 作业 zuòyè 명 숙제 | 办公室 bàngōngshì 명 사무실

1 녹음을 듣고 사진과 일치하면 O, 일치하지 않으면 X를 표시하세요. ●11-05

(1)  ▢

(2)  ▢

2 녹음을 듣고 내용에 알맞은 사진을 고르세요. ●11-06

(1) ①  ②  ③

(2) ①  ②  ③

(3) ①  ②  ③

3 녹음을 듣고 일치하는 내용을 골라보세요. 🔊11-07

(1) ① 王老师身体很好。 Wáng lǎoshī shēntǐ hěn hǎo.

② 他们昨天见王老师了。 Tāmen zuótiān jiàn Wáng lǎoshī le.

③ 王老师今天没去学校。 Wáng lǎoshī jīntiān méi qù xuéxiào.

(2) ① 小星今天有时间。 Xiǎo Xīng jīntiān yǒu shíjiān.

② 小星爸爸让她早点回家。 Xiǎo Xīng bàba ràng tā zǎo diǎn huíjiā.

③ 小星爸爸没让她早点回家。 Xiǎo Xīng bàba méi ràng tā zǎo diǎn huíjiā.

(3) ① 他们现在去超市。 Tāmen xiànzài qù chāoshì.

② 他们现在去水果店。 Tāmen xiànzài qù shuǐguǒdiàn.

③ 他们现在去食堂。 Tāmen xiànzài qù shítáng.

4 의미에 맞게 주어진 단어를 바르게 배열하세요.

(1)

让 ràng	爸爸 bàba	看 kàn	电视 diànshì	不 bù	我 wǒ

아버지는 내가 텔레비전을 보지 못하게 하신다.

_____。

(2)

我 wǒ	了 le	三 sān	衣服 yīfu	买 mǎi	妹妹 mèimei	件 jiàn

내 여동생은 옷을 세 벌 샀다.

_____。

5 다음 메신저 질문에 중국어로 답해 보세요.

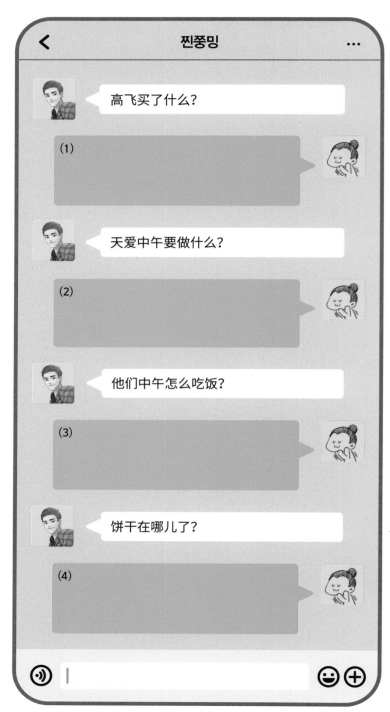

高飞买了什么?

(1)

天爱中午要做什么?

(2)

他们中午怎么吃饭?

(3)

饼干在哪儿了?

(4)

6 지문을 읽고 질문에 알맞은 답을 중국어로 적으세요. 🔊 11-08

> 今天是周末，我想叫天爱来我家吃饭，所以我上午
> Jīntiān shì zhōumò, wǒ xiǎng jiào Tiān'ài lái wǒ jiā chīfàn, suǒyǐ wǒ shàngwǔ
>
> 去超市买了很多菜。超市后面有一家水果店，
> qù chāoshì mǎi le hěn duō cài. Chāoshì hòumiàn yǒu yì jiā shuǐguǒdiàn,
>
> 我去那儿买了一些苹果。今天天气真好，叶子都红了。
> wǒ qù nàr mǎi le yìxiē píngguǒ. Jīntiān tiānqì zhēn hǎo, yèzi dōu hóng le.
>
> 我一边走路，一边看红叶，心情特别好。
> Wǒ yìbiān zǒu lù, yìbiān kàn hóngyè, xīnqíng tèbié hǎo.

*周末 zhōumò 주말   *叶子 yèzi 잎   *红 hóng 붉다, 빨갛다   *红叶 hóngyè 단풍
*一边……，一边…… yìbiān……yìbiān…… ～하면서, ～하다

(1) 高飞今天上午去哪儿了？
　　Gāo Fēi jīntiān shàngwǔ qù nǎr le?

(2) 他去水果店买了什么？
　　Tā qù shuǐguǒdiàn mǎi le shénme?

(3) 他一边走路，一边看了什么？
　　Tā yìbiān zǒu lù, yìbiān kàn le shénme?

중알못도 중잘알

#중국훠궈 #지역별훠궈추천 #최애훠궈는어디에?

우리나라 사람들도 좋아하는 중국의 대표 음식, 훠궈(火锅, huǒguō)!
훠궈는 2,000년이 넘는 오랜 역사를 지닌 요리로, 최초의 기록은
중국 삼국시대부터 시작됩니다. 사실 훠궈는 북방의 춥고 건조한
지역에서 인기를 끌었는데, 지금은 계절에 상관없이 간단하게 먹기
좋아 대중들에게 많은 사랑을 받고 있어요. 그런데 훠궈가 지역에 따라
그 모양과 맛이 다르다는 것, 알고 있었나요?

베이징 훠궈   맑은 육수 또는 생수를 끓여 양고기 본연의 맛을 즐긴다는 특징이 있어요. 깔끔하고
위에 부담도 없어 어르신들도 자주 드시죠. 참깨소스, 땅콩소스와 함께 먹으면 더 맛있어요.

쓰촨 훠궈   비록 충칭이 '중국 훠궈의 수도'라 불리지만, 쓰촨 훠궈는 충칭 훠궈에 비해 맛이 더 정교
하고 섬세해요. 쓰촨 훠궈는 국물을 만들 때 유채기름이나 식용유를 사용하고, 향신료를 많이 쓰는
특징이 있어요. 충칭 훠궈가 얼얼한 매운맛이라면, 쓰촨 훠궈는 매콤한 향신료 맛이죠.

윈난 훠궈   윈난에는 다양한 야생버섯이 나기 때문에, 버섯 훠궈가 유명해졌어요. 주로 닭 육수에
신선한 버섯들이 들어가죠.

광둥 훠궈   갈비와 무를 끓인 맑은 갈비탕 국물의 훠궈예요. 차오산(潮汕) 소고기 본연의 맛을 느끼
기에 좋아요.

대체 회사에 무슨 일이!?

12화 미리보기 ▼

까오페이의 회사에서 지난번 문서에 이어 이번에는 컴퓨터가 사라졌다. 허술한 경비 때문에 발생한 도난 사건으로 경비원들은 문책을 받게 되는데······.

학습 포인트

일상 묻고 답하기 | 결과보어

12화 你们看见那个人了吗? Nǐmen kànjiàn nà ge rén le ma?

여러분은 그 사람을 보았나요?

관리자 컴퓨터가 언제 없어진 겁니까?
경비원B 리웨이 씨가 아침 9시에 출근했는데, 컴퓨터가 없어졌다고 했습니다.
관리자 어제저녁에 회사는 몇 시에 문을 닫았습니까?

152

경비원 A	아홉 시에 문을 닫았습니다.
관리자	퇴근 후에 누군가 회사에 왔나요?
경비원 B	아무도 회사에 오지 않았습니다.
관리자	당신들 저 사람 봤습니까?
경비원 A	저는 그녀가 말하는 것만 듣고, 보지는 못했습니다.
경비원 B	저도 못 봤습니다.
관리자	어제저녁에 당신들은 뭐 했습니까?

경비원 A	어제저녁에 저는 음악 듣고 있었습니다.
경비원 B	어제저녁에 저는 자고 있었습니다.
관리자	근무 시간에 노래를 듣고 잠을 잘 수 있는 겁니까?
경비원 A, B	죄송합니다.
관리자	점심 먹고 나서 B1층을 좀 둘러보세요.
경비원 A, B	알겠습니다.

SCENE #1

관리자   电脑是什么时候没有的?
Diànnǎo shì shénme shíhou méiyǒu de?

경비원 B   李小姐说她早上九点来上班,
Lǐ xiǎojiě shuō tā zǎoshang jiǔ diǎn lái shàngbān,

电脑不见了。
diànnǎo bú jiàn le.

관리자   昨天晚上公司是几点关门的?
Zuótiān wǎnshang gōngsī shì jǐ diǎn guān mén de?

SCENE #2

경비원 A   九点关门的。
Jiǔ diǎn guān mén de.

관리자   下班后有人来公司吗?
Xiàbān hòu yǒu rén lái gōngsī ma?

경비원 B   没有人来公司。
Méiyǒu rén lái gōngsī.

관리자   你们看见那个人了吗?
Nǐmen kànjiàn nà ge rén le ma?

경비원 A   我听见她在说话, 我没看见她。
Wǒ tīngjiàn tā zài shuōhuà, wǒ méi kànjiàn tā.

새단어모음.zip ○ 12-02

监控室 jiānkòngshì 몡 관제실
电脑 diànnǎo 몡 컴퓨터
小姐 xiǎojiě 몡 아가씨, 미스(Miss), 젊은 여성
关 guān 동 닫다
门 mén 몡 문

看见 kànjiàn 동 보다, 보이다
听见 tīngjiàn 동 듣다, 들리다
在 zài 면 마침 ~하고 있다
说话 shuōhuà 동 말을 하다

경비원 B　　　我也没看见。
　　　　　　　Wǒ yě méi kànjiàn.

관리자　　　　昨天晚上你们在做什么？
　　　　　　　Zuótiān wǎnshang nǐmen zài zuò shénme?

SCENE #3

경비원 A　　　昨天晚上我在听音乐。
　　　　　　　Zuótiān wǎnshang wǒ zài tīng yīnyuè.

경비원 B　　　昨天晚上我在睡觉。
　　　　　　　Zuótiān wǎnshang wǒ zài shuìjiào.

관리자　　　　上班时间能听歌和睡觉吗？
　　　　　　　Shàngbān shíjiān néng tīng gē hé shuìjiào ma?

경비원 A, B　　对不起。
　　　　　　　Duìbuqǐ.

관리자　　　　吃完午饭以后，你们去B1楼看一下吧。
　　　　　　　Chī wán wǔfàn yǐhòu, nǐmen qù B yī lóu kàn yíxià ba.

경비원 A, B　　好的。
　　　　　　　Hǎo de.

音乐 yīnyuè 몡 음악
睡觉 shuìjiào 동 잠을 자다
完 wán 동 완성하다, 끝나다

午饭 wǔfàn 몡 점심(밥)
以后 yǐhòu 몡 이후
楼 lóu 몡 층, 동

● **결과보어**

 결과보어는 동사 뒤에 쓰여서 동작이나 행위, 변화의 결과를 보충 설명해. 자주 쓰이는 결과보어로는 '见' '完' '到' '懂(dǒng)' '好' 등이 있어. 부정할 땐, 동사 앞에 '没(有)'를 쓰고, 뒤에 동태조사 '了'가 있으면 생략해 주자.

[결과보어 见]

수동적, 무의식적으로 동작이 이루어질 때, 결과보어 '见(jiàn)'을 쓸 수 있어. '看见(kànjiàn)'은 '보이다'라는 뜻이야. 보는 행위(看)를 해서, 그 결과 대상이 '보여짐'을 나타내는 거지. 같은 형식으로 '听见'은 '들리다', '闻见'은 '냄새가 맡아지다'라는 의미가 돼.

- 我看见他哭了。 나는 그가 우는 걸 봤어요.
  Wǒ kànjiàn tā kū le.

- 老师在叫你呢，你没听见吗？ 선생님께서 너 부르고 계시잖아. 너 못 들었어?
  Lǎoshī zài jiào nǐ ne, nǐ méi tīngjiàn ma?

[결과보어 完]

 동작·행위가 완료되었을 때 결과보어 '完(wán)'을 쓸 수 있어.

- 我已经做完作业了。 나는 이미 숙제를 다 했어요.
  Wǒ yǐjīng zuòwán zuòyè le.

- 你等一下，我还没吃完饭。 잠시만 기다려. 나 아직 밥을 다 안 먹었어.
  Nǐ děng yíxià, wǒ hái méi chīwán fàn.

[결과보어 到]

어떤 일의 목적을 달성했거나, 결과에 도달했을 때 결과보어 '到(dào)'를 쓸 수 있어.

- 我终于找到工作了。 나는 마침내 취직했어요.
  Wǒ zhōngyú zhǎodào gōngzuò le.

- 我终于买到火车票了! 나는 마침내 기차표를 샀어요!
  Wǒ zhōngyú mǎidào huǒchē piào le!

[결과보어 懂]

보고 들은 결과를 이해했을 때 결과보어 '懂(dǒng)'을 쓸 수 있어.

- 这个题我没看懂。 이 문제를 나는 이해하지 못하겠어요.
  Zhè ge tí wǒ méi kàndǒng.

- A 老师的话, 你都听懂了没? 선생님 말씀을 너는 다 알아들었니?
  Lǎoshī de huà, nǐ dōu tīngdǒng le méi?

- B 我都听懂了。 나는 다 알아들었어.
  Wǒ dōu tīngdǒng le.

Tip 🔦 Tip

문장을 풍부하게! 여러 가지 부사 표현

부사는 동사나 형용사 앞에서 뜻을 더 풍성하게 해주는 데 도움을 준다.

- 外边还在下雨呢。 밖에 아직 비가 내려요.
  Wàibian hái zài xià yǔ ne.
- 她终于回来了。 그녀가 드디어 돌아왔어요.
  Tā zhōngyú huílái le.
- 王老师已经下班了。 왕 선생님은 이미 퇴근하셨어요.
  Wáng lǎoshī yǐjīng xiàbān le.

 ● 12-04

哭 kū 동 울다 | 还 hái 부 아직 | 终于 zhōngyú 부 마침내, 결국 | 票 piào 명 표, 티켓 | 题 tí 명 문제

1 녹음을 듣고 사진과 일치하면 O, 일치하지 않으면 X를 표시하세요. ● 12-05

(1)

(2)

2 녹음을 듣고 내용에 알맞은 사진을 고르세요. ● 12-06

(1) ① 　② 　③

(2) ① 　② 　③

(3) ① 　② 　③

3 의미에 맞게 주어진 단어를 바르게 배열하세요.

(1)

饭	吃	他	已经	了	完
fàn	chī	tā	yǐjīng	le	wán

그는 벌써 밥을 다 먹었어요.

_____ 。

(2)

他的	懂	你	听	话	吗	了
Tā de	dǒng	nǐ	tīng	huà	ma	le

당신은 그의 말을 알아들었어요?

_____ ?

4 빈칸에 들어갈 알맞은 단어를 골라 문장을 완성하세요.

보기				
	完	懂	见	到
	wán	dǒng	jiàn	dào

(1) 我听_____她在说话，但是我没看_____她。

Wǒ tīng _____ tā zài shuōhuà, dànshì wǒ méi kàn _____ tā.

(2) 我终于找_____工作了！太高兴了！

Wǒ zhōngyú zhǎo _____ gōngzuò le! Tài gāoxìng le!

(3) 他说的中文，你听_____了吗？

Tā shuō de Zhōngwén, nǐ tīng _____ le ma?

(4) 你做_____作业以后，去玩儿手机吧。

Nǐ zuò _____ zuòyè yǐhòu, qù wánr shǒujī ba.

5 자연스러운 대화가 되도록 말풍선 안에 알맞은 문장을 골라 넣으세요.

A 这本书太难了，我没看懂。
Zhè běn shū tài nán le, wǒ méi kàndǒng.

B 我要去书店，老师让我买一本中文词典。 *词典 cídiǎn 사전
Wǒ yào qù shūdiàn, lǎoshī ràng wǒ mǎi yì běn Zhōngwén cídiǎn.

C 那我们点外卖吧。
Nà wǒmen diǎn wàimài ba.

D 你什么时候开会？
Nǐ shénme shíhou kāihuì?

E 对，你在哪儿呢？我没看见你。
Duì, nǐ zài nǎr ne? wǒ méi kànjiàn nǐ.

---

(1) 今天天气太冷了，我不想去外面吃饭。
Jīntiān tiānqì tài lěng le, wǒ bù xiǎng qù wàimiàn chīfàn.

(2) 今天我有重要的会议。
Jīntiān wǒ yǒu zhòngyào de huìyì.

(3) 你吃完饭以后做什么？
Nǐ chīwán fàn yǐhòu zuò shénme?

(4) 你已经到公司了吗？
Nǐ yǐjīng dào gōngsī le ma?

(5) 你昨天买的书，怎么样？
Nǐ zuótiān mǎi de shū, zěnmeyàng?

6 다음 메신저 질문에 중국어로 답해 보세요.

샤오씽

谁的电脑不见了？

(1)

下班后有人来公司吗？

(2)

昨天晚上保安A在做什么？

(3)

昨天晚上保安B在做什么？

(4)

你打网球多久了?

못하는 운동이 없는 티엔아이, 오늘은 테니스!

13화 미리보기

화창한 여름, 까오페이와 린티엔아이는 야외 테니스장에서 테니스를 치며 즐거워한다.

 학습 포인트

경험 묻고 답하기 ㅣ 시간의 양 표현하기 ㅣ 어림수

> Nǐ hěn xǐhuan hē zhè ge
> **你很喜欢喝这个**
> yùndòng yǐnliào ma?
> **运动饮料吗?**

까오페이	이 이온 음료 좋아하나 봐요?

린티엔아이   네, 이건 제가 제일 좋아하는 음료예요. 마셔 봤어요?

까오페이   마셔 봤어요. 이 음료는 별로 달지 않더라고요.

린티엔아이   맞아요. 난 단 음료는 별로 안 좋아하거든요. 한 병 마실래요?

까오페이   좋아요. 고마워요.

까오페이   테니스는 얼마나 자주 쳐요?

린티엔아이   요즘에는 좀 바빠서 한 달에 한 번 정도 쳐요. 당신은요?

까오페이   저는 매주 쳐요.

린티엔아이   테니스를 친 지 얼마나 됐어요?

까오페이   2년 넘었어요.

린티엔아이   여섯 시가 넘었네요. 우리 저녁 먹으러 가요.

까오페이   좋아요. 가자, 빙깐!

SCENE #1

까오페이 你很喜欢喝这个运动饮料吗?
Nǐ hěn xǐhuan hē zhè ge yùndòng yǐnliào ma?

SCENE #2

린티엔아이 对，这是我最喜欢的饮料。你喝过吗?
Duì, zhè shì wǒ zuì xǐhuan de yǐnliào. Nǐ hēguo ma?

까오페이 喝过，这个饮料不太甜。
Hēguo, zhè ge yǐnliào bú tài tián.

린티엔아이 对，我不太喜欢喝甜的，要不要来一瓶?
Duì, wǒ bú tài xǐhuan hē tián de, yào bu yào lái yì píng?

까오페이 好，谢谢。
Hǎo, xièxie.

새단어모음 .zip ● 13-02

运动 yùndòng 몡 스포츠, 운동 통 운동하다
饮料 yǐnliào 몡 음료
运动饮料 yùndòng yǐnliào 스포츠 음료, 이온 음료

过 guo 조 (동사 뒤에 놓여) 과거의 경험을 나타냄
甜 tián 혱 (맛이) 달다
瓶 píng 양 병

까오페이　你多长时间打一次网球？
Nǐ duōcháng shíjiān dǎ yí cì wǎngqiú?

린티엔아이　最近有点儿忙，一个月打一次，你呢？
Zuìjìn yǒudiǎnr máng, yí ge yuè dǎ yí cì, nǐ ne?

까오페이　我每周都打。
Wǒ měi zhōu dōu dǎ.

린티엔아이　你打网球多久了？
Nǐ dǎ wǎngqiú duō jiǔ le?

까오페이　两年多了。
Liǎng nián duō le.

린티엔아이　六点多了，我们去吃晚饭吧。
Liù diǎn duō le, wǒmen qù chī wǎnfàn ba.

까오페이　好，走吧，饼干！
Hǎo, zǒu ba, Bǐnggān!

打 dǎ 동 (놀이나 운동을) 하다
次 cì 양 번, 회
网球 wǎngqiú 명 테니스
最近 zuìjìn 명 최근, 요즈음
有点(儿) yǒudiǎn(r) 부 조금, 약간

周 zhōu 명 주, 주일
多久 duō jiǔ 얼마나, 얼마 동안
多 duō 수 ~여, 남짓
晚饭 wǎnfàn 명 저녁밥, 저녁 식사

▶ **경험을 나타내는 동태조사 '过'**

앞에서 배운 동태조사 '了'는 동사 뒤에 놓여 어떤 동작이나 상황이 완료되었음을 나타냈었지? 동태조사 '过'는 동사 뒤에 놓여 '~을 해 본 적이 있다'라는 과거의 경험을 나타내. 부정문을 만들 때는 동사 앞에 '没(有)'를 붙여 주고, 의문문을 만들 때는 문장 끝에 '吗' 또는 '没有'를 붙여 주면 돼.

평서문	**동사+过+목적어**	~을 한 적이 있다
부정문	**没(有)+동사+过+목적어**	~을 한 적이 없다
의문문	**동사+过+목적어+吗?/没有?**	~을 한 적이 있니?

- **A** 你学过游泳吗?　너는 수영을 배운 적 있니?
  Nǐ xuéguo yóuyǒng ma?

  B 我没学过游泳。　나는 수영을 배운 적 없어.
  Wǒ méi xuéguo yóuyǒng.

- **A** 你去过青岛没有?　당신은 칭다오에 가 본 적 있나요?
  Nǐ qùguo Qīngdǎo méiyǒu?

  B 我去过两次，那儿的天气真好。　저는 두 번 가 봤는데, 그곳의 날씨는 정말 좋아요.
  Wǒ qùguo liǎng cì, nàr de tiānqì zhēn hǎo.

✓체크체크 **다음 문장에서 틀린 부분을 알맞게 고쳐 보세요.**

❶ 你见过没有王老师?

　　→ _____

❷ 我不喝过这瓶运动饮料。

　　→ _____

❸ 我还没去过美国了。

　　→ _____

▶ 정반의문문 '要不要'

문장 끝에 의문사 '吗'를 붙이는 것 대신, 술어의 긍정형과 부정형을 함께 나열하여 의문문을 만들 수 있는데, 이를 정반의문문이라고 해.

- 你要不要一起去吃饭？ 밥 먹으러 같이 갈래?
  Nǐ yào bu yào yìqǐ qù chīfàn?

- A 他是不是我们学校的运动员？ 그는 우리 학교 운동선수 아닌가요?
  Tā shì bu shì wǒmen xuéxiào de yùndòngyuán?

- B 是，他跑步真快。 맞아요. 그는 달리기가 정말 빨라요.
  Shì, tā pǎobù zhēn kuài.

▶ 시간의 양을 나타내는 시간명사

우리는 '몇 시 몇 분'처럼 '시점'을 나타내는 표현을 말할 수 있어. 그런데 '몇 년 동안' '몇 시간 동안'처럼 지속되는 '시간의 양'은 어떻게 말할 수 있을까? 이때는 의문사 '多长时间 (duōcháng shíjiān)'이나 '多久(duō jiǔ)'로 물어보고, 시간의 양을 나타내는 시간명사를 사용해 답하면 돼.

两年 liǎng nián 2년	两个月 liǎng ge yuè 두 달
两个星期 liǎng ge xīngqī 2주	两周 liǎng zhōu 2주
两天 liǎng tiān 이틀	两个小时 liǎng ge xiǎoshí 2시간
两分钟 liǎng fēnzhōng 2분	两秒 liǎng miǎo 2초

- A 你多长时间打一次高尔夫球？ 당신은 골프를 얼마나 자주 치나요?
  Nǐ duōcháng shíjiān dǎ yí cì gāo'ěrfūqiú?

- B 我每个月打一次高尔夫球。 저는 매달 한 번씩 골프를 쳐요.
  Wǒ měi ge yuè dǎ yí cì gāo'ěrfūqiú.

- A 你等了多长时间？ 너 얼마 동안 기다렸어?
  Nǐ děng le duōcháng shíjiān?

- B 我等了半个小时。 나는 30분 기다렸어.
  Wǒ děng le bàn ge xiǎoshí.

▶ 어림수를 나타내는 '多'

어림수는 대략적인 수를 의미해. 수사나 양사 뒤에 '多'를 써서 '~여, ~남짓'의 의미로, 그 수를 초과하는 대략적인 숫자를 나타낼 수 있어. 이때 주의할 점은 1부터 9까지의 숫자는 양사 뒤에 '多'를 쓰고, 10 이상이면서 '0'으로 끝나는 숫자는 양사 앞에 '多'를 써 준다는 거야.

1부터 9까지의 숫자	수사＋양사＋多＋명사
10 이상이면서 '0'으로 끝나는 숫자	수사＋多＋양사＋(명사)

- 一个多小时 yí ge duō xiǎoshí 한 시간 여
- 三年多 sān nián duō 3년 여
- 十多个小时 shí duō ge xiǎoshí 열 시간 넘게
- 六十多岁 liùshí duō suì 60여 세

✔체크체크 다음 빈칸에 알맞은 중국어를 넣어 문장을 완성하세요.

❶ 我们要等＿＿＿＿＿＿＿＿＿? 우리는 얼마나 기다려야 하나요?

❷ A 你们等了她＿＿＿＿＿＿＿＿? 너희는 그녀를 얼마나 기다렸어?

   B 我们等了她＿＿＿＿＿＿＿＿。 우리는 그녀를 한 시간 반 기다렸어.

❸ 我有＿＿＿＿＿＿＿＿英文书。 나는 20권이 넘는 영어책을 가지고 있어요.

 ● 13-04

青岛 Qīngdǎo 고유 칭다오 [지명] | 运动员 yùndòngyuán 명 운동선수 | 跑步 pǎobù 동 달리다 명 달리기 | 快 kuài 형 빠르다 | 小时 xiǎoshí 명 시간 | 高尔夫球 gāo'ěrfūqiú 명 골프, 골프공

1 녹음을 듣고 사진과 일치하면 O, 일치하지 않으면 X를 표시하세요. ●13-05

(1)

(2)

2 녹음을 듣고 내용에 알맞은 사진을 고르세요. ●13-06

(1) ① 　② 　③

(2) ① 　② 　③

(3) ① 　② 　③

3 녹음을 듣고 내용에 알맞은 답을 고르세요. ● 13-07

(1) ① 她一个月打一次网球。Tā yí ge yuè dǎ yí cì wǎngqiú.

② 她两年打一次网球。Tā liǎng nián dǎ yí cì wǎngqiú.

③ 她两个月打一次网球。Tā liǎng ge yuè dǎ yí cì wǎngqiú.

(2) ① 他平时晚上十一点睡觉。Tā píngshí wǎnshang shíyī diǎn shuìjiào.

② 他平时睡八个小时。Tā píngshí shuì bā ge xiǎoshí.

③ 他平时晚上八点睡觉。Tā píngshí wǎnshang bā diǎn shuìjiào.

(3) ① 他没学过中文。Tā méi xuéguo Zhōngwén.

② 他在上海住了两年多。Tā zài Shànghǎi zhù le liǎng nián duō.

③ 他有很多中国朋友。Tā yǒu hěn duō Zhōngguó péngyou.

4 의미에 맞게 주어진 단어를 바르게 배열하세요.

(1)

| 真好 zhēn hǎo | 去过 qùguo | 我 wǒ | 天气 tiānqì | 两次 liǎng cì | 那儿的 nàr de | 北京 Běijīng |

나는 베이징에 두 번 가 봤어요. 그곳의 날씨는 정말 좋아요.

_____ 。

(2)

| 多长 duōcháng | 爬 pá | 山 shān | 一次 yí cì | 你 nǐ | 时间 shíjiān |

너는 얼마나 자주 산에 오르니?

_____ ?

5 다음 메신저 질문에 중국어로 답해 보세요.

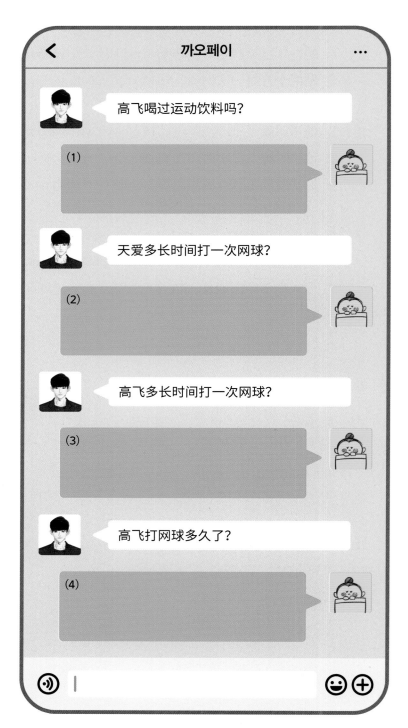

6 빈칸에 들어갈 알맞은 말을 골라 대화를 완성하세요. ● 13-08

| 보기 |

什么	和	要不要	过	没
shénme	hé	yào bu yào	guo	méi

A 你最喜欢＿＿＿＿＿＿＿运动?

Nǐ zuì xǐhuan ＿＿＿＿＿＿＿ yùndòng?

B 我最喜欢打篮球和击剑。你呢?   ＊击剑 jījiàn 펜싱

Wǒ zuì xǐhuan dǎ lánqiú hé jījiàn. Nǐ ne?

A 我最喜欢跑步＿＿＿＿＿＿＿游泳。以前，我是跑步运动员。   ＊以前 yǐqián 이전

Wǒ zuì xǐhuan pǎobù ＿＿＿＿＿＿＿ yóuyǒng. Yǐqián, wǒ shì pǎobù yùndòngyuán.

B 真的吗? 以后＿＿＿＿＿＿＿一起跑步?   ＊以后 yǐhòu 이후

Zhēn de ma? Yǐhòu ＿＿＿＿＿＿＿ yìqǐ pǎobù?

A 好啊。你去＿＿＿＿＿＿＿颐和园吗?   ＊颐和园 Yíhéyuán 이허위안 [베이징에 위치한 황실 정원]

Hǎo a. Nǐ qù ＿＿＿＿＿＿＿ Yíhéyuán ma?

早上六点多那儿的风景很好看。   ＊风景 fēngjǐng 풍경

Zǎoshang liù diǎn duō nàr de fēngjǐng hěn hǎokàn.

B 我＿＿＿＿＿＿＿去过，我们明天一起去吧!

Wǒ ＿＿＿＿＿＿＿ qùguo, wǒmen míngtiān yìqǐ qù ba!

중알못도 중잘알

#중국스포츠문화 #중국의_전통스포츠

중국의 스포츠 문화는 중국 전통문화의 유구한 역사 속에서 다양한 모습으로 전해졌어요. 오늘날까지 전해 내려오는 중국의 전통 스포츠에는 무엇이 있을까요? 대표적으로 매년 음력 5월 5일 단오절이면 행해지는 용선 경기(赛龙舟, sài lóngzhōu)가 있습니다. 룽저우 시합이라고도 불리는 이 경기는 강에 몸을 던진 중국의 애국 시인 굴원(屈原, Qūyuán)의 시신을 해치지 못하도록 백성들이 용 머리

의 배를 타고 물고기를 쫓는 이야기에서 시작되었는데요, 그를 기리고자 시작했던 이 풍습이 지금은 중국의 전통적인 스포츠 경기로 자리 잡았어요. 지금도 단오절만 되면 중국 남방 또는 북방의 강과 호수 근처 지역에서 용선 경기를 치른답니다. 용의 모습을 한 뱃머리에서 고수의 북소리에 맞춰 힘차게 노를 젓는 선수들의 모습이 참 멋있어요.

이외에도 정월대보름, 춘제 같은 큰 명절에 평안과 행복을 기리기 위해 추는 용춤(舞龙), 양손에 줄로 연결된 채로 공죽을 돌리며 던지고 받는 놀이인 공죽놀이(抖空竹)가 대표적인 중국의 전통 스포츠예요. 중국에서는 학교, 공원 가릴 것 없이 어디서든 자전거, 배드민턴, 농구, 탁구, 무용 등 다양한 스포츠를 즐기고 있는 사람들을 볼 수 있답니다.

▶ **14화** Wèishénme jìnkǒu de bǐ guóchǎn de gèng piányi?
APP 학습

为什么进口的比国产的更便宜?

중국의 과일 가격은
얼마나 할까?

14화 미리보기 ▼

그들은 집에 가는 길에 과일 가게에 들러 수박을 사려고 한다. 과일 가게에서는 할인 행사를 하고 있었는데……

학습 포인트

비교하여 말하기 ㅣ 중국의 할인율 표기법

▶14화 为什么进口的比国产的更便宜?

Wèishénme jìnkǒu de bǐ guóchǎn de gèng piányi?

왜 수입산이 국산보다 더 싸요?

Lǎobǎn, xīguā duōshao qián yì jīn?
老板，西瓜多少钱一斤?

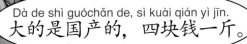
Dà de shì guóchǎn de, sì kuài qián yì jīn.
大的是国产的，四块钱一斤。

| 까오페이 | 사장님, 수박 한 근에 얼마예요? |
| 가게 주인 | 큰 거는 국산이고, 한 근에 4위안입니다. |

▶▶▶

까오페이	모두 얼마예요?
가게 주인	28위안이요. 어떻게 계산하실 건가요? 웨이신과 즈푸바오 다 됩니다.
까오페이	웨이신이요!
가게 주인	QR코드 드릴게요.
까오페이	지불했어요. 보세요.
가게 주인	받았습니다. 수박 드릴게요. 조금 무거우니까 잘 받으세요.
까오페이	감사합니다.

SCENE #1

까오페이 老板，西瓜多少钱一斤？
Lǎobǎn, xīguā duōshao qián yì jīn?

가게 주인 大的是国产的，四块钱一斤。
Dà de shì guóchǎn de, sì kuài qián yì jīn.

SCENE #2

까오페이 小的呢？
Xiǎo de ne?

가게 주인 小的是进口的，三块五一斤。
Xiǎo de shì jìnkǒu de, sān kuài wǔ yì jīn.

까오페이 为什么进口的比国产的便宜？
Wèishénme jìnkǒu de bǐ guóchǎn de piányi?

가게 주인 这是优惠活动。进口的打9折。
Zhè shì yōuhuì huódòng. Jìnkǒu de dǎ jiǔ zhé.

린티엔아이 那买大的吧。我们每人一半，怎么样？
Nà mǎi dà de ba. wǒmen měi rén yíbàn, zěnmeyàng?

까오페이 好。
Hǎo.

새단어모음.zip ● 14-02

西瓜 xīguā 명 수박
斤 jīn 양 근 [무게의 단위, 약 500g]
国产 guóchǎn 형 국산의 명 국산
进口 jìnkǒu 동 수입하다
比 bǐ 개 ~보다, ~에 비해
便宜 piányi 형 (값이) 싸다, 저렴하다
优惠 yōuhuì 형 특혜의, 우대의
活动 huódòng 명 활동, 이벤트, 행사
打折 dǎzhé 동 할인하다, 세일하다
一半 yíbàn 수 절반, 반

가게 주인	这个西瓜七斤多，进口的香蕉也有活动，
	Zhè ge xīguā qī jīn duō, jìnkǒu de xiāngjiāo yě yǒu huódòng,
	来点儿吗?
	lái diǎnr ma?
까오페이	不要了。
	Bú yào le.

Tip 💡 Tip

중국의 결제수단

중국에서는 핸드폰만 있으면 언제 어디서나
결제가 가능하다. 현금이나 신용카드 대신 결
제 앱인 '支付宝(Zhīfùbǎo)'나 채팅 앱인 '微信
(Wēixìn)'에 계좌를 연결해서 물건을 살 수 있다.
가게에 있는 QR코드를 핸드폰 앱을 통해 스캔
하기만 하면 결제 완료!

SCENE #3

까오페이	一共多少钱?
	Yígòng duōshao qián?
가게 주인	二十八块钱，怎么支付? 微信和支付宝都可以。
	Èrshí bā kuài qián, zěnme zhīfù? Wēixìn hé Zhīfùbǎo dōu kěyǐ.
까오페이	微信吧!
	Wēixìn ba!
가게 주인	给你们二维码。
	Gěi nǐmen èrwéimǎ.
까오페이	支付了，您看一下。
	Zhīfù le, nín kàn yíxià.
가게 주인	收到了。给你们西瓜，有点儿重，拿好。
	Shōudào le. Gěi nǐmen xīguā, yǒudiǎnr zhòng, náhǎo.
까오페이	谢谢老板。
	Xièxie lǎobǎn.

香蕉 xiāngjiāo 몡 바나나
一共 yígòng 뷔 전부, 모두
支付 zhīfù 됭 지불하다, 결제하다
二维码 èrwéimǎ 몡 QR코드
收到 shōudào 됭 받다, 얻다

给 gěi 됭 주다
重 zhòng 톙 무겁다
拿 ná 됭 (손에) 쥐다, 가지다
微信 Wēixìn 고유 웨이신 [위챗, 중국 최대 메신저 앱]
支付宝 Zhīfùbǎo 고유 즈푸바오 [알리페이, 중국의 인터
넷뱅킹 및 결제 앱]

▶ 비교문을 만드는 '比'

> 서로 다른 두 대상을 비교할 때 개사 '比(bǐ)'를 써서 비교문을 만들 수 있어.

> A+比+B+형용사 A는 B보다 ~하다

- 进口的香蕉比国产的香蕉贵。 수입산 바나나는 국산 바나나보다 비싸다.
  Jìnkǒu de xiāngjiāo bǐ guóchǎn de xiāngjiāo guì.

> 좀 더 풍성한 대화를 위해서 어떻게, 얼마나 다른지 자세히 비교해 주면 좋겠지? 비교문에서 정도를 표현할 때는 부사 '更(gèng)'이나 '还(hái)'를 사용해. 아니면 형용사 뒤에 구체적인 수량을 넣어 주면 비교 결과가 얼마나 다른지 표현할 수 있어. 다만 '很'이나 '太'같은 정도부사는 쓸 수 없으니 주의하자!

> A+比+B+更/还+형용사 A는 B보다 더 ~하다
>
> A+比+B+형용사+수량보어 A는 B보다 ~만큼 더 ~하다

- 我家比你家更远。 우리 집은 너희 집보다 더 멀어.
  Wǒ jiā bǐ nǐ jiā gèng yuǎn.

- 葡萄比苹果还贵五块钱。 포도는 사과보다 5위안 더 비싸다.
  Pútao bǐ píngguǒ hái guì wǔ kuài qián.

> '比' 비교문을 부정할 때는 일반적으로 '比' 대신 '没有'를 써 주면 돼. '不比(bù bǐ)'로 부정하면 상대방의 말을 반박하는 어감이 강하거든.

> A+没有+B+형용사 A는 B만큼 ~하지 않다
>
> A+不比+B+형용사 A는 B보다 ~하지 않다

- **A** 这个房间比那个房间大吗? 이 방은 저 방보다 크니?
  Zhè ge fángjiān bǐ nà ge fángjiān dà ma?

- **B** 这个房间没有那个房间大。 이 방은 저 방만큼 크지 않아.
  Zhè ge fángjiān méiyǒu nà ge fángjiān dà.

- **A** 她很漂亮! 저 사람 엄청 예쁘다!
  Tā hěn piàoliang!

- **B** 她不比你漂亮。 걔가 너보다 예쁘지는 않아.
  Tā bù bǐ nǐ piàoliang.

비교 대상의 결과가 같을 수도 있겠지? 그럴 때는 '跟……一样'을 사용해 표현할 수 있어.

A＋跟＋B＋一样＋(형용사) A는 B와 같다(A는 B와 같이 ～하다)
A＋跟＋B＋不一样 A는 B와 같지 않다

- **A** 我很喜欢踢足球。 나는 축구하는 걸 정말 좋아해.
  Wǒ hěn xǐhuan tī zúqiú.

- **B** 我跟你一样。我也喜欢踢足球。 나는 너와 같아. 나도 축구하는 거 좋아해.
  Wǒ gēn nǐ yíyàng. Wǒ yě xǐhuan tī zúqiú.

- 他买的手机跟我的不一样。 그가 산 핸드폰은 내 것과 달라요.
  Tā mǎi de shǒujī gēn wǒ de bù yíyàng.

✓체크체크 다음 문장에서 틀린 부분을 알맞게 고쳐 보세요.

❶ 今天比昨天非常冷。

　→ _____

❷ 这个桌子比那个桌子不大。

　→ _____

❸ 你的房间比我的房间很漂亮。

　→ _____

▶ '给'의 여러 가지 용법

'给'가 동사로 쓰이면 '주다'라는 뜻으로, '给' 뒤에는 받는 대상(A)과 주는 것(B)이 와. 즉, 동사 '给'는 두 개의 목적어를 가질 수 있는데 보통 A에는 받는 대상인 '사람'이, B에는 주는 것인 '사물'이 오곤 해.

		사람	사물	
给가 동사로 쓰일 때	给	**A**	**B**	A에게 B를 주다
	(A: 받는 대상)			

- 我给你五块钱。　내가 당신에게 5위안 줄게요.
  Wǒ gěi nǐ wǔ kuài qián.

- 给我一杯咖啡，谢谢。　커피 한 잔 주세요, 감사합니다.
  Gěi wǒ yì bēi kāfēi, xièxie.

'给'가 개사로 쓰이면 '~에게'라는 뜻으로, '给' 뒤에는 동작의 대상(A)과 동사(B)가 와.

		사람	동사	
给가 개사로 쓰일 때	给	**A**	**B**	A에게 B하다
	(A: 동작의 대상)			

- 我给你打电话吧。　내가 너에게 전화할게.
  Wǒ gěi nǐ dǎ diànhuà ba.

Tip 💡 Tip

중국의 할인율 표기

'할인하다, 세일하다'는 중국어로 '打折(dǎzhé)'라고 하는데, 이 단어 중간에 숫자를 넣어서 할인율을 나타낼 수 있다. 다만, 우리는 숫자가 클수록 할인율이 높지만, 중국은 그 반대이다. 예를 들어, '打9折(dǎ jiǔ zhé)'는 10% 할인을 뜻하고, '打8折(dǎ bā zhé)'는 20% 할인을 뜻한다. '打'를 생략하고 '5折(50% 할인)', '3折(70% 할인)'로 쓸 수 있다.

 레벨업단어 ● 14-04

更 gèng 🕈 더 | 还 hái 🕈 더, 또한 | 远 yuǎn 톙 멀다 | 葡萄 pútao 몡 포도 | 房间 fángjiān 몡 방 | 踢足球 tī zúqiú 축구를 하다

1 녹음을 듣고 질문에 알맞은 답을 고르세요. ● 14-05

(1) ① 蓝色的裙子 lánsè de qúnzi

② 红色的裙子 hóngsè de qúnzi

③ 白色的裙子 báisè de qúnzi

(2) ① 10块钱 shí kuàiqián

② 20块钱 èrshí kuàiqián

③ 21块钱 èrshíyī kuàiqián

2 제시된 단어를 사용해 작문해 보세요.

(1)

Beijing 13℃   Shanghai 21℃

[比]

베이징은 상하이보다 추워요.

(2)

葡萄 24.6元/斤

苹果 4.6元/斤

[比]

포도는 사과보다 20위안 비싸요.

(3)

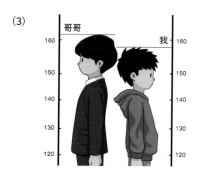

哥哥   我

[没有]

나는 우리 형보다 크지 않아요.

(4)

[跟······一样]

그녀의 옷은 내 것과 같아요.

3 녹음을 듣고 빈칸을 채워 대화를 완성해 보세요. 🔘 14-06

A 一共＿＿＿＿＿＿？ Yígòng ＿＿＿＿＿＿？

B 一百零五块钱，＿＿＿＿＿＿？ 微信和支付宝都可以。

Yìbǎi líng wǔ kuài qián, ＿＿＿＿＿＿? Wēixìn hé Zhīfùbǎo dōu kěyǐ.

A 支付宝吧！ Zhīfùbǎo ba!

B ＿＿＿＿＿＿你们二维码。 ＿＿＿＿＿＿ nǐmen èrwéimǎ.

A 支付了，您看一下。 Zhīfù le, nín kàn yíxià.

B ＿＿＿＿＿＿！给你们西瓜。＿＿＿＿＿＿重，您拿好。

＿＿＿＿＿＿! Gěi nǐmen xīguā. ＿＿＿＿＿＿ zhòng, nín náhǎo.

A 谢谢！ Xièxie!

B 不客气。Bú kèqi.

4 다음 메신저 질문에 중국어로 답해 보세요.

리워를 찾는 전화, 그들은 누구일까?

15화 미리보기 ▼

지난번 출장 다녀온 시안 박물관에서 전화가 온다. 한편 따리는 어제 새로 산 시계를 찾느라 정신이 없는데……

학습 포인트

추측 표현하기　|　동작이나 상태의 지속

찐뿡밍	리위, 아침에 당신에게 전화가 한 통 왔었어요.
리위	누가 전화한 건데요?
찐뿡밍	몰라요. 리따리가 받았거든요. 그에게 한번 물어봐요.
리위	따리, 누가 전화해서 나 찾았어요?
리따리	맞아요. 박물관에서 건 거예요.

리위	그쪽에 무슨 일 있어요?
리따리	이번 달에 박물관에 새로 온 그림이 있다고 하던데요.
리위	우리 뭘 해야 하나요?
리따리	전 모르겠어요. 메일 한번 봐요!
리위	알았어요. 고마워요.

리따리	너희 내 손목시계 봤어?
까오페이	못 봤어. 어제 네가 차고 있는 거 봤는데.
리따리	맞아. 어제 내가 새로 산 시계거든.
찐쭝밍	너 화장실에 두고 온 거 아니야?
리따리	그럴 수도 있겠네. 내가 가서 찾아볼게.

SCENE #1

찐쭝밍
李雨，早上有你一个电话。
Lǐ Yǔ, zǎoshang yǒu nǐ yí ge diànhuà.

리위
电话是谁打的?
Diànhuà shì shéi dǎ de?

찐쭝밍
不知道，是李大力接的，你问问他吧。
Bù zhīdào, shì Lǐ Dàlì jiē de, nǐ wènwen tā ba.

리위
大力，有人打电话找我吗?
Dàlì, yǒu rén dǎ diànhuà zhǎo wǒ ma?

리따리
对。 是博物馆打的。
Duì.　Shì bówùguǎn dǎ de.

SCENE #2

리위
他们有什么事吗?
Tāmen yǒu shénme shì ma?

리따리
他们说，这个月博物馆有新到的画。
Tāmen shuō, zhè ge yuè bówùguǎn yǒu xīn dào de huà.

리위
我们要做什么?
Wǒmen yào zuò shénme?

새단어모음.zip ● 15-02

知道 zhīdào 图 알다
接 jiē 图 받다, 접수하다

问 wèn 图 묻다, 질문하다
新 xīn 囫 새롭다

리따리　我不知道，你看看电子邮件吧！
Wǒ bù zhīdào, nǐ kànkan diànzi yóujiàn ba!

리위　好的，谢谢。
Hǎo de, xièxie.

SCENE #3

리따리　你们看见我的手表了吗？
Nǐmen kànjiàn wǒ de shǒubiǎo le ma?

까오페이　没看见。昨天看到你带着呢。
Méi kànjiàn. Zuótiān kàndào nǐ dàizhe ne.

리따리　对，这是我昨天新买的手表。
Duì, zhè shì wǒ zuótiān xīn mǎi de shǒubiǎo.

찐쭝밍　你是不是忘在洗手间里了？
Nǐ shì bu shì wàng zài xǐshǒujiān li le?

리따리　可能是，我去找找。
Kěnéng shì, wǒ qù zhǎozhao.

邮件 yóujiàn 명 메일, 우편물
手表 shǒubiǎo 명 손목시계
带 dài 동 (몸에) 지니다, 차다
着 zhe 조 ~해 있다, ~한 채로 있다

忘 wàng 동 잊다
洗手间 xǐshǒujiān 명 화장실
可能 kěnéng 부 아마도, 아마 (~일 것이다)

어법모음.zip 🔊 15-03

🔵 동사의 중첩

중국어에서 일부 동사는 중첩하여 사용할 수 있는데, 이때 동사의 음절 수에 따라 중첩 형식이 달라. 단음절 동사는 'AA' 'A一A' 'A了A'로 중첩하고, 이음절 동사는 'ABAB'로 중첩할 수 있어. 동사를 중첩해서 사용하는 이유는 부탁할 때 부드러운 어기를 표현하고자 하거나 부담 없이 가볍게 하는 행위, 가벼운 시도를 나타내거나 짧은 시간 동안의 행위를 나타내기 위해서야.

단음절 동사 중첩	AA	看看 kànkan 좀 보다 | 想想 xiǎngxiang 좀 생각해 보다
	A一A	看一看 kàn yi kàn 좀 보다 | 想一想 xiǎng yi xiǎng 좀 생각해 보다
	A了A	看了看 kàn le kàn 좀 봤다 | 想了想 xiǎng le xiǎng 좀 생각했다
이음절 동사 중첩	ABAB	介绍介绍 jièshao jièshao 좀 소개하다 | 休息休息 xiūxi xiūxi 좀 쉬다
	AB了AB	介绍了介绍 jièshao le jièshao 좀 소개했다 休息了休息 xiūxi le xiūxi 좀 쉬었다
이합동사 중첩	ABB	聊聊天 liáoliáo tiān 이야기를 좀 나누다 散散步 sànsàn bù 산책을 좀 하다

• 你帮帮我吧! 네가 날 좀 도와줘!
  Nǐ bāngbang wǒ ba!

• **A** 我新买的裙子在哪儿? 내가 새로 산 치마 어디 있어?
  Wǒ xīn mǎi de qúnzi zài nǎr?

  B 我也不知道, 你让妹妹找一找吧。 나도 몰라. 여동생한테 좀 찾아보라고 해.
  Wǒ yě bù zhīdào, nǐ ràng mèimei zhǎo yi zhǎo ba.

• 你最近太忙了, 休息休息吧。 너 요즘 너무 바쁘더라. 좀 쉬어.
  Nǐ zuìjìn tài máng le, xiūxi xiūxi ba.

▶ 지속을 나타내는 동태조사 '着'

동태조사 '着(zhe)'는 동사 뒤에 놓여 동작이나 상태가 지속되고 있음을 나타내. '~하고 있다' '~한 채로 있다'의 의미이지. 부정형은 동사 앞에 '没'를 써 주면 돼.

- 门开着 mén kāizhe   문이 열려 있다
- 门没开着 mén méi kāizhe   문이 열려 있지 않다
- 我奶奶在椅子上坐着。   제 할머니는 의자에 앉아 계세요.
  Wǒ nǎinai zài yǐzi shang zuòzhe.
- 她穿着红色的外衣。   그녀는 빨간색 외투를 입고 있어요.
  Tā chuānzhe hóngsè de wàiyī.

▶ '可能'의 다양한 용법

'可能(kěnéng)'은 '아마~일 것이다'라는 뜻으로, 객관적인 추측이나 예측을 나타내. 아주 다양한 용법으로 쓰이니 예문을 통해 확인해 볼까?

- 带伞吧，今天可能会下雪。 우산 챙기자. 오늘 눈이 내릴 것 같아. [可能이 부사로 쓰임: 可能+是/会/동사]
  Dài sǎn ba, jīntiān kěnéng huì xià xuě.
- 天气这么好，不可能下雨。 날씨가 이렇게 좋은데, 비가 올 리 없어. [可能이 조동사로 쓰임: 不可能]
  Tiānqì zhème hǎo, bù kěnéng xià yǔ.
- A 你觉得他有可能同意吗？ 너는 그가 동의할 가능성이 있다고 생각하니?
    Nǐ juéde tā yǒu kěnéng tóngyì ma?
- B 我觉得没可能。   그럴 리가 없지. [可能이 명사로 쓰임: 有可能/没可能]
    Wǒ juéde méi kěnéng.

 ○15-04

帮 bāng 통 돕다 ∣ 休息 xiūxi 통 휴식하다, 쉬다 명 휴식 ∣ 开 kāi 통 열다 ∣ 外衣 wàiyī 명 외투 ∣ 觉得 juéde
통 ~라고 생각하다 ∣ 同意 tóngyì 통 동의하다

You Quiz?!

1 녹음을 듣고 일치하는 내용을 고르세요. ● 15-05

(1) ① 妈妈不在家。Māma bú zài jiā.

② 她在找她的新手机。Tā zài zhǎo tā de xīn shǒujī.

③ 哥哥让她去房间找找手表。Gēge ràng tā qù fángjiān zhǎozhao shǒubiǎo.

(2) ① 他可能明天不能去爬山。Tā kěnéng míngtiān bù néng qù pá shān.

② 他今天要去爬山。Tā jīntiān yào qù pá shān.

③ 可能明天不会下雨。Kěnéng míngtiān bú huì xià yǔ.

2 녹음을 듣고 상황과 일치하는 그림을 골라 A~D의 알파벳을 적어 보세요. ● 15-06

(1)

(2)

(3)

(4)

3 보기와 같이 주어진 동사를 중첩해서 빈칸을 알맞게 채우세요.

| 보기 |

你帮帮我吧!

[帮]

(1)

你今天太累了，快_____吧。

[休息]

(2)

我给大家_____新同事吧。

[介绍]

(3)

你_____，那儿有地铁站。

[看]

4 다음 웹툰을 보고 질문에 답해 보세요.

*文件 wénjiàn 서류, 문건 *总 zǒng 대표, 최고 책임자, 사장[=总经理, zǒngjīnglǐ]

(1) 李雨为什么迟到了?
Lǐ Yǔ wèishénme chídào le?

(2) 张总让李雨做什么?
Zhāng zǒng ràng Lǐ Yǔ zuò shénme?

5 다음 메신저 질문에 중국어로 답해 보세요.

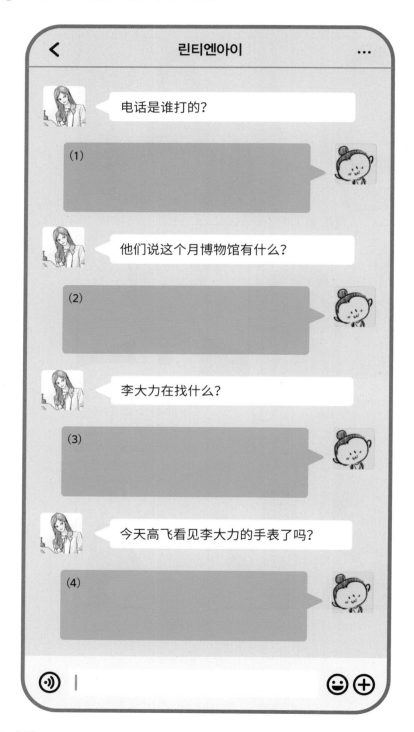

린티엔아이

电话是谁打的?

(1)

他们说这个月博物馆有什么?

(2)

李大力在找什么?

(3)

今天高飞看见李大力的手表了吗?

(4)

다정한 오빠가 사 준
생선 요리~

16화 미리보기 ▼

생선 알레르기가 있는 까오페이는 생선 요리를 좋아하는 동생을 위해 음식을 주문하는데……

 학습 포인트

관심사 표현하기 ┃ 선택의문문

▶ 16화 我对鱼过敏。 Wǒ duì yú guòmǐn. 나는 생선 알레르기가 있어요.

샤오씽	오빠, 오늘 생선 정말 맛있어. 왜 안 먹어?
까오페이	나 생선 못 먹어.
샤오씽	미안, 내가 까먹었네. 오빠 생선 알레르기 있지.
까오페이	괜찮아. 이 청경채도 맛있어. 밥 더 먹을래?
샤오씽	한 그릇 더 줘! 나 매일 이렇게 많이 먹었더니, 벌써 50kg이 됐어.
까오페이	넌 아직 자라고 있으니까, 더 많이 먹어야 해.

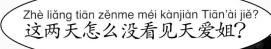

샤오씽	요즘 티엔아이 언니가 왜 안 보이지?
까오페이	출장 갔을 걸.
샤오씽	언니 이미 돌아왔어.
까오페이	네가 어떻게 알아? 너 그녀의 일에 관심이 많네.
샤오씽	어제저녁에 내가 베란다에서 언니 집에 불 켜진 걸 봤어.

까오페이	과일 먹을래, 아이스크림 먹을래?
샤오씽	나 조각 케이크 먹고 싶어.
까오페이	이건……. 티엔아이 주려고 산 건데.
샤오씽	그럼 아이스크림 먹을게.

SCENE #1

샤오씽	哥，今天的鱼很好吃，你怎么不吃？
	Gē, jīntiān de yú hěn hǎochī, nǐ zěnme bù chī?

까오페이	我不能吃鱼。
	Wǒ bù néng chī yú

샤오씽	不好意思，我忘了，你对鱼过敏。
	Bùhǎoyìsi, wǒ wàng le, nǐ duì yú guòmǐn.

까오페이	没关系，这个青菜也不错。你还要米饭吗？
	Méi guānxi, zhè ge qīngcài yě búcuò. Nǐ hái yào mǐ fàn ma?

샤오씽	再来一碗吧！
	Zài lái yì wǎn ba!
	我天天吃这么多，现在已经五十公斤了。
	Wǒ tiāntiān chī zhème duō, xiànzài yǐjīng wǔ shí gōngjīn le.

까오페이	你还在长身体，要多吃点儿。
	Nǐ hái zài zhǎng shēntǐ, yào duō chī diǎnr.

SCENE #2

샤오씽	这两天怎么没看见天爱姐？
	Zhè liǎng tiān zěnme méi kànjiàn Tiān'ài jiě?

까오페이	她可能出差了。
	Tā kěnéng chūchāi le.

새단어모음 zip ● 16-02

鱼 yú 명 물고기, 생선
对 duì 개 ~에 대하여
过敏 guòmǐn 동 알레르기 반응을 보이다
青菜 qīngcài 명 청경채, 채소
米饭 mǐfàn 명 쌀밥

天天 tiāntiān 매일, 날마다
这么 zhème 대 이렇게, 이러한
公斤 gōngjīn 양 킬로그램(kg)
长 zhǎng 동 자라다, 성장하다
出差 chūchāi 동 출장 가다

샤오씽
她已经回来了。
Tā yǐjīng huílái le.

까오페이
你怎么知道？你对她的事很感兴趣。
Nǐ zěnme zhīdào? Nǐ duì tā de shì hěn gǎn xìngqù.

샤오씽
昨天晚上我在阳台看见她家的灯亮了。
Zuótiān wǎnshang wǒ zài yángtái kànjiàn tā jiā de dēng liàng le.

SCENE #3

까오페이
你吃水果还是冰淇淋？
Nǐ chī shuǐguǒ háishi bīngqílín?

샤오씽
我想吃小蛋糕。
Wǒ xiǎng chī xiǎo dàngāo.

까오페이
这个……是给天爱买的。
Zhè ge …… shì gěi Tiān'ài mǎi de.

샤오씽
那我吃冰淇淋吧。
Nà wǒ chī bīngqílín ba.

感兴趣 gǎn xìngqù 흥미를 느끼다, 관심을 갖다
阳台 yángtái 몡 베란다, 발코니
灯 dēng 몡 전등, 등
亮 liàng 혱 밝다, 환하다

还是 háishi 젭 또는, 아니면
冰淇淋 bīngqílín 몡 아이스크림
蛋糕 dàngāo 몡 케이크

▶ '怎么'의 여러 가지 표현

 의문대명사 '怎么(zěnme)'는 '어떻게'라는 뜻 외에도, '왜'라는 뜻으로 해석이 가능해. 보통 어떤 일이 일어난 원인이나 상황을 물어볼 때 쓸 수 있지. 정말 왜인지를 물어본다기보다 일어난 상황이 불만족스럽거나 놀랍고 궁금해서 쓰일 때가 많아.

- **你这两天怎么不吃饭呢?** 너 요 며칠 왜 밥을 안 먹어?
  Nǐ zhè liǎng tiān zěnme bù chīfàn ne?

- **他怎么还没来?** 그는 왜 아직도 안 와요?
  Tā zěnme hái méi lái?

- **这个羊肉, 怎么卖?** 이 양고기는 어떻게 팔아요?
  Zhè ge yángròu, zěnme mài?

이외에도 '怎么'는 '怎么办? (어떡해?)' '怎么了? (왜 그래?)' '怎么样? (어때?)' 등 여러 가지 표현으로 활용할 수 있어.

- **你怎么了? 你生病了吗?** 너 왜 그래? 너 아픈 거야?
  Nǐ zěnme le? Nǐ shēngbìng le ma?

- **A 我这个月胖了三公斤, 怎么办!** 나 이번 달에 3kg 쪘어. 어떡해!
  Wǒ zhè ge yuè pàng le sān gōngjīn, zěnme bàn!

- **B 我也胖了很多, 我们互相帮助, 一起运动吧。**
  Wǒ yě pàng le hěn duō, wǒmen hùxiāng bāngzhù, yìqǐ yùndòng ba.
  나도 많이 쪘어. 우리 서로 도와주면서 같이 운동하자.

Tip Tip

명사 중첩

중국어에서 명사를 중첩하면 '모든' '~마다'의 뜻을 지닌다. 뒤에 부사 '都'와 함께 쓰는 경우가 많다. '天天(tiāntiān, 매일)' '人人(rénrén, 사람마다)', '家家(jiājiā, 집집마다)' '年年(niánnián, 해마다, 매년)' 등의 표현이 자주 쓰인다.

Tip Tip

没错(méi cuò) VS 不错(búcuò)

'错(cuò)'는 '틀리다'라는 뜻이다. 그럼 반의어 '맞다, 틀리지 않다'는 어떻게 표현할까? '맞다'라는 뜻의 '对(duì)'를 쓰거나 '错' 앞에 부정사 '没'를 더해 '没错'라고 한다. '不错(좋다)'와는 완전히 다른 뜻이므로 잘 구별해야 한다.

개사 '对'

'对(duì)'는 '~에게' '~에 대하여'라는 뜻으로, 동작·행위의 대상을 나타내. 그래서 '对' 뒤에는 사람이나 사물 같은 대상이 따라오지.

주어＋对＋사람/사물＋(부사)＋술어

- **A** 你对什么感兴趣?　너는 무엇에 관심이 있니?
  Nǐ duì shénme gǎn xìngqù?

  B 我对中国文化很感兴趣。　나는 중국 문화에 관심이 있어.
  Wǒ duì Zhōngguó wénhuà hěn gǎn xìngqù.

- 我对猫毛有过敏。　나는 고양이 털 알레르기가 있어요.
  Wǒ duì māo máo yǒu guòmǐn.

- 他对我特别好。　그는 나에게 정말 잘 해 줘요.
  Tā duì wǒ tèbié hǎo.

> **Tip ▼ Tip**
>
> **A对B感兴趣**
> 'A는 B에 관심이 있다'라는 뜻으로, 자신이 관심 있는 것을 말하고자 할 때 자주 쓴다. 동사 '感' 대신 '有'를 넣어, '有兴趣(관심이 있다)'로도 표현할 수 있다. 부정할 때는 'A对B不感兴趣' 또는 'A对B没有兴趣'로 표현하면 된다.

 접속사 '还是'

접속사 '还是(háishi)'를 사용해 선택의문문을 만들 수 있어. 'A还是B？' 형식으로 쓰여, A와 B 둘 중 하나를 선택해야 하는 상황을 표현할 수 있지. 이때, '还是'로 이미 의문문이 되었기 때문에, 뒤에 의문사 '吗'는 붙일 필요 없어.

- 你喜欢苹果还是葡萄?　너는 사과를 좋아하니, (아니면) 포도를 좋아하니?
  Nǐ xǐhuan píngguǒ háishi pútao?

- 你一个人去还是跟朋友一起去?　당신은 혼자 가요, (아니면) 친구와 같이 가요?
  Nǐ yí ge rén qù háishi gēn péngyou yìqǐ qù?

 레벨업단어　🔊 16-04

羊肉 yángròu 몡 양고기 ㅣ 生病 shēngbìng 동 병이 나다, 아프다 ㅣ 胖 pàng 혱 뚱뚱하다, 살이 찌다 ㅣ 互相 hùxiāng 閈 서로 ㅣ 帮助 bāngzhù 동 돕다 몡 도움 ㅣ 文化 wénhuà 몡 문화 ㅣ 猫 māo 몡 고양이 ㅣ 毛 máo 몡 (동식물의) 털, 깃

1 녹음을 듣고 사진과 일치하면 O, 일치하지 않으면 X를 표시하세요. ● 16-05

(1)

(2)

(3)

(4)

2 녹음을 듣고 질문에 알맞은 답을 고르세요. ● 16-06

(1) ① 她家里有小狗。 Tā jiā li yǒu xiǎo gǒu.

② 她对猫毛过敏。 Tā duì māo máo guòmǐn.

③ 她去过李老师家。 Tā qùguo Lǐ lǎoshī jiā.

(2) ① 一杯美式，小杯，14块钱　yì bēi měishì, xiǎo bēi, shísì kuài qián

② 一杯冰美式，大杯，20块钱
yì bēi bīng měishì, dà bēi, èrshí kuài qián

③ 一杯冰美式，大杯，24块钱
yì bēi bīng měishì, dà bēi, èrshísì kuài qián

*大杯 dà bēi 큰 컵　　*小杯 xiǎo bēi 작은 컵

3 빈칸에 들어갈 알맞은 말을 골라 대화를 완성하세요.

| 보기 |

对	已经	还是	不错	怎么样	还	怎么
duì	yǐjīng	háishi	búcuò	zěnmeyàng	hái	zěnme

(1) A 你喜欢小狗_____小猫?

Nǐ xǐhuan xiǎo gǒu _____ xiǎo māo?

B 我喜欢小猫，但是我_____猫毛过敏。

Wǒ xǐhuan xiǎo māo, dànshì wǒ _____ māo máo guòmǐn.

(2) A 今天天气_____?

Jīntiān tiānqì _____?

B 很_____，我们去外面走一走吧。

Hěn _____, wǒmen qù wàimiàn zǒu yi zǒu ba.

(3) A 这个汉字，_____读?

Zhè ge Hànzì, _____ dú?

B 我也不知道，我们问问老师吧。

Wǒ yě bù zhīdào, wǒmen wènwen lǎoshī ba.

(4) A 我最近胖了很多，现在_____八十公斤了。

Wǒ zuìjìn pàng le hěn duō, xiànzài _____ bāshí gōngjīn le.

B 你_____在长身体，要多吃点儿。

Nǐ _____ zài zhǎng shēntǐ, yào duō chī diǎnr.

4 다음 대화를 보고 질문에 답해 보세요.

*鸡蛋 jīdàn 계란, 달걀   *饿 è 배고프다   *红烧鱼 Hóngshāoyú 홍사오위 [민물생선으로 만든 간장조림]

(1) 他们去饭店吃还是点外卖吃？
Tāmen qù fàndiàn háishi diǎn wàimài chī?

(2) 小星喜欢吃什么？
Xiǎo Xīng xǐhuan chī shénme?

(3) 他们点了什么菜？
Tāmen diǎn le shénme cài?

5 다음 메신저 질문에 중국어로 답해 보세요.

찐쭝밍

高飞对什么过敏？

(1)

小星说，她已经多少公斤了？

(2)

小星怎么知道天爱已经回来了？

(3)

APP 학습

▶ 17화
Kāi de màn yìdiǎnr.
开得慢一点儿。

여기요~ 여기!
한국 바이어 도착

国内到达 T3

17화 미리보기

까오페이 회사의 사내 외국어 교육을 받는 직원들은 곧 있을 한국어 시험을 준비한다. 그러던 중 비밀스러운 한국 바이어를 맞이하게 되는데……

학습 포인트

거리·시간의 간격 표현하기 | 정도보어

Zuìjìn gōngzuò yě hěn duō,
最近工作也很多，
wǒ juéde wǒ méiyǒu shíjiān zhǔnbèi.
我觉得我没有时间准备。

Hánguó kèhù xiàwǔ sì diǎn dào, shéi qù jiē?
韩国客户下午4点到，谁去接？

Wǒ kāichē le, wǒ qù ba.
我开车了，我去吧。

Gōngsī lí jīchǎng hěn yuǎn, nǐ zǎo diǎnr qù ba.
公司离机场很远，你早点儿去吧。

Hǎo de, shéi néng jièshào yíxià zhè ge kèhù?
好的，谁能介绍一下这个客户？

Wǒ duì tā hěn liǎojiě, wǒ gěi nǐ jièshào ba.
我对他很了解，我给你介绍吧。

Lǐ Yǔ, xià yǔ le,
李雨，下雨了，
kāi de màn yìdiǎnr, bié kāi de tài kuài.
开得慢一点儿，别开得太快。

리위	요즘 일도 너무 많아서, 저는 준비할 시간이 없을 거 같아요.
리따리	한국 바이어가 오후 네 시에 도착하는데, 누가 마중하러 갈까요?
리위	제가 운전하고 왔으니, 제가 갈게요.
리따리	회사는 공항에서 머니까 좀 일찍 가요.
리위	알았어요. 이 바이어를 소개해 주실 분 있나요?
찐쭝밍	제가 그에 대해서 잘 알아요. 제가 소개해 줄게요.
까오페이	리위, 비가 오니 운전 천천히 해요. 너무 빨리 운전하지 말아요.

SCENE #1

이자애 今天的韩语课就到这里。下课吧!
Jīntiān de Hányǔ kè jiù dào zhèlǐ. Xiàkè ba!

이자애 希望大家好好儿准备考试。
Xīwàng dàjiā hǎohāor zhǔnbèi kǎoshì.

까오페이, 리따리 李老师辛苦了。
Lǐ lǎoshī xīnkǔ le.

찐쭝밍 下个月韩语考试,你们准备得怎么样?
Xià ge yuè Hányǔ kǎoshì, nǐmen zhǔnbèi de zěnmeyàng?

리위 我准备得不好。
Wǒ zhǔnbèi de bù hǎo.

리따리 离考试还有二十多天呢,还有时间。
Lí kǎoshì hái yǒu èrshí duō tiān ne, hái yǒu shíjiān.

새단어모음.zip ●17-02

课 kè 명 수업
就 jiù 부 곧, 바로, 즉시
下课 xiàkè 동 수업을 마치다, 수업이 끝나다
希望 xīwàng 동 희망하다, 바라다
准备 zhǔnbèi 동 준비하다 명 준비

考试 kǎoshì 동 시험보다 명 시험
辛苦 xīnkǔ 형 수고했습니다, 수고하십니다
得 de 조 동사, 형용사 뒤에서 동작이나 상태의 정도를 표현함
离 lí 개 ~에서, ~(로)부터, ~까지

SCENE #2

리위
最近工作也很多,
Zuìjìn gōngzuò yě hěn duō,

我觉得我没有时间准备。
wǒ juéde wǒ méiyǒu shíjiān zhǔnbèi.

리따리
韩国客户下午四点到, 谁去接?
Hánguó kèhù xiàwǔ sì diǎn dào, shéi qù jiē?

리위
我开车了, 我去吧。
Wǒ kāichē le, wǒ qù ba.

리따리
公司离机场很远, 你早点儿去吧。
Gōngsī lí jīchǎng hěn yuǎn, nǐ zǎo diǎnr qù ba.

리위
好的, 谁能介绍一下这个客户?
Hǎo de, shéi néng jièshào yíxià zhè ge kèhù?

찐쭝밍
我对他很了解, 我给你介绍吧。
Wǒ duì tā hěn liǎojiě, wǒ gěi nǐ jièshào ba.

까오페이
李雨, 下雨了, 开得慢一点儿, 别开得太快。
Lǐ Yǔ, xià yǔ le, kāi de màn yìdiǎnr, bié kāi de tài kuài.

觉得 juéde 동 ~라고 생각하다, ~라고 여기다
客户 kèhù 명 고객, 거래처
接 jiē 동 맞이하다, 마중하다
机场 jīchǎng 명 공항
远 yuǎn 형 멀다

介绍 jièshào 동 소개하다
了解 liǎojiě 동 알다, 이해하다, 조사하다, 알아보다
慢 màn 형 느리다
别 bié 부 ~하지 마라

▶ 개사 '离'

'离(lí)'는 '~에서' '~로부터' '~까지'라는 뜻으로, 뒤에 시간이나 장소가 와서 어디부터 어디까지라는 거리나 시간의 간격을 나타내.

- 我家离机场很近。　우리 집은 공항에서 가까워요.
  Wǒ jiā lí jīchǎng hěn jìn.

- 离春节还有两个星期。　춘제까지 아직 2주일 남았어요.
  Lí Chūnjié hái yǒu liǎng ge xīngqī.

- A 宾馆离这儿远不远?　호텔은 여기에서 멀어요?
  Bīnguǎn lí zhèr yuǎn bu yuǎn?

- B 不太远, 离这儿只有三站。　별로 안 멀어요. 여기에서 겨우 세 정거장이에요.
  Bú tài yuǎn, lí zhèr zhǐyǒu sān zhàn.

▶ 형용사 중첩

형용사도 중첩해서 쓸 수 있어! 동사를 중첩하면 동작에 가벼운 어감이 더해지는데, 반대로 형용사를 중첩하면 의미의 정도를 강조하며 생동감 있는 표현이 되지. 이때, 단음절 형용사의 중첩형식은 AA이고, 이음절 형용사의 중첩형식은 AABB야. 동작이나 행위의 상태를 묘사하는 일부 상태형용사의 중첩형식은 ABAB야.

단음절 형용사 AA	大大 dàdà 크다 ǀ 小小 xiǎoxiǎo 작다 ǀ 高高 gāogāo 크다 ǀ 胖胖 pàngpàng 뚱뚱하다
이음절 형용사 AABB	漂漂亮亮 piàopiàoliàngliang 아름답다 ǀ 干干净净 gāngānjìngjing 깨끗하다
상태 형용사 ABAB	雪白雪白 xuěbáixuěbái 새하얗다 ǀ 冰凉冰凉 bīngliángbīngliáng 매우 차다

중첩된 단음절 형용사 뒤에 '儿'을 붙이면 두 번째 음절은 1성으로 발음해!

- **医生让我好好儿吃药。** 의사가 나에게 약을 잘 먹으라고 했어요.
  Yīshēng ràng wǒ hǎohāor chī yào.

- **别着急，你可以慢慢儿来。** 조급해 하지 말고, 천천히 와도 돼.
  Bié zháojí, nǐ kěyǐ mànmānr lái.

> **Tip Tip**
>
> 형용사 중첩이 사용된 문장에서는 '很' '非常' 같은 정도부사를 쓰지 않는다. 형용사를 중첩하면 그 자체로 의미의 정도가 강조되기 때문이다. 중첩된 형용사가 술어로 쓰이면 뒤에 '的'를 붙여야 한다.
>
> - **她打扮得漂漂亮亮的。** 그녀는 예쁘게 꾸몄다.
>   Tā dǎban de piàopiàoliàngliang de.
> - **她长得很漂亮。** 그녀는 예쁘게 생겼다.
>   Tā zhǎng de hěn piàoliang.

▶ 정도보어

술어 뒤에서 동작 또는 상태가 어떠한 정도인지를 나타내는 성분을 정도보어라고 해. 이때 구조조사 '得'가 술어의 뒤에 쓰여서 정도보어를 연결시키는 역할을 해. 술어와 정도보어를 연결해 주는 접착제 역할을 하는 거지.

정도보어 문장에 목적어가 있을 경우, 동사를 한 번 더 써주는데, 첫 번째 동사는 생략할 수 있어.

- **他(唱)歌唱得很好听。** 그는 노래를 잘 불러요.
  Tā (chàng) gē chàng de hěn hǎo tīng.

- **你英语说得特别好！** 너는 영어를 참 잘한다!
  Nǐ Yīngyǔ shuō de tèbié hǎo!

✓체크체크 다음 문장에서 틀린 부분을 알맞게 고쳐 보세요.

❶ 大家非常好好儿准备考试。

→ _____

❷ 我今天吃得午饭很少。

→ _____

❸ 她不唱得很好。

→ _____

❹ 你说得中文真不错。

→ _____

 레벨업단어 🔊 17-04

近 jìn 형 가깝다 | 春节 Chūnjié 고유 춘제 [중국 최대 명절] | 宾馆 bīnguǎn 명 호텔 | 只有 zhǐyǒu 부 단지, 오직 | 药 yào 명 약 | 着急 zháojí 형 급하다, 초초해하다 | 打扮 dǎban 동 화장하다, 꾸미다

You Quiz?!

1 녹음을 듣고 상황과 일치하는 그림을 골라 A~D의 알파벳을 적어 보세요. ⊙ 17-05

(1)

国内到达 T3

☐

(2)

☐

(3)

☐

(4)

☐

2 녹음을 듣고 일치하는 내용을 고르세요. ⊙ 17-06

(1) ① 大力考试准备得很好。 Dàlì kǎoshì zhǔnbèi de hěn hǎo.

② 这次考试比上次的更难。 Zhè cì kǎoshì bǐ shàngcì de gèng nán.

③ 大力对考试不感兴趣。 Dàlì duì kǎoshì bù gǎn xìngqù.

☐

(2) ① 他学中文学了三年多了。 Tā xué Zhōngwén xué le sān nián duō le.

② 他觉得他中文说得一般。 Tā juéde tā Zhōngwén shuō de yìbān.

③ 他没学过中文。 Tā méi xuéguo Zhōngwén.

☐

*一般 yìbān 보통이다, 일반적이다

3 다음 글을 읽고 대화에서 말하는 인물이 아래 그림 중 누구일지 찾아보세요.

A 李雨，韩国客户到了吗？
Lǐ Yǔ, Hánguó kèhù dào le ma?

B 我还没见到他。他长得高不高？
Wǒ hái méi jiàndao tā. Tā zhǎng de gāo bu gāo?

A 他长得挺高的，个子高高的，
Tā zhǎng de tǐng gāo de, gèzi gāogao de,

皮肤白白的，长得挺帅的。
pífū báibai de, zhǎng de tǐng shuài de.

B 你知道他今天穿着什么衣服吗？
Nǐ zhīdào tā jīntiān chuānzhe shénme yīfu ma?

A 他的同事说，他穿着蓝色的衣服，还有，他戴着黑色的帽子。
Tā de tóngshì shuō, tā chuānzhe lánsè de yīfu, háiyǒu, tā dàizhe hēisè de màozi.

B 我看到他了，谢谢！
Wǒ kàndào tā le, xièxie!

*还有 háiyǒu 또한, 그리고　　*皮肤 pífū 피부　　*戴帽子 dài màozi 모자를 쓰다

⁴ 이메일을 읽고 질문에 답해 보세요.

王总，您好！
Wáng zǒng, nín hǎo!

您在中国这两个月过得怎么样？
Nín zài Zhōngguó zhè liǎng ge yuè guò de zěnmeyàng?

上次见面，我觉得您的中文说得非常好，
Shàngcì jiànmiàn, wǒ juéde nín de Zhōngwén shuō de fēicháng hǎo,

我也想好好儿学习韩语。
wǒ yě xiǎng hǎohāor xuéxí Hányǔ.

听说，您对我们公司很感兴趣，
Tīngshuō, nín duì wǒmen gōngsī hěn gǎn xìngqù,

我想给您打个电话，好好儿介绍一下我们公司。
Wǒ xiǎng gěi nín dǎ ge diànhuà, hǎohāor jièshào yíxià wǒmen gōngsī.

祝您周末愉快！
Zhù nín zhōumò yúkuài!

李雨
Lǐ Yǔ

*过 guò (시기를) 보내다, 지나다　　*愉快 yúkuài 즐겁다, 유쾌하다

(1) 李雨觉得韩国客户王总中文说得怎么样？
Lǐ Yǔ juéde Hánguó kèhù Wáng zǒng Zhōngwén shuō de zěnmeyàng?

(2) **리위는 王总에게 어떤 제안을 했나요?**

☐ 직접 만나서 이야기합시다

☐ 전화로 다음 번 미팅을 잡고 싶습니다

☐ 전화로 우리 회사를 소개해 드리겠습니다

5 다음 메신저 질문에 중국어로 답해 보세요.

리따리

他们在公司学了什么?

(1)

李雨考试准备得怎么样?

(2)

韩国客户几点到机场?

(3)

谁能介绍一下韩国客户?

(4)

그녀의 새로운
임무는 무엇일까?

18화 미리보기

티엔아이는 국장을 만나 그동안의 일을 보고한다. 국장은 그녀에게 까오페이 회사에 숨어 있는 그녀의
동료를 찾으라고 지시하는데……

학습 포인트

방향보어 ｜ 把자문

린티엔아이	국장님, 들어가도 될까요?
국장	샤오린, 들어오게나.
국장	문서는 찾았나?
린티엔아이	문서를 찾았습니다.
국장	그들은 이 유물들을 어떻게 손에 넣게 된 건가?

린티엔아이	전시할 때, 그들은 자주 유물을 가짜로 바꿨어요.
국장	그럼 그들은 어떻게 유물을 외국으로 보낸 건가?
린티엔아이	까오페이의 회사에 수출입하는 배가 있습니다.

린티엔아이　국장님, 최근 박물관에 새로운 유물들이 또 들어왔습니다.
국장　　　　그들 회사에 경찰 한 명이 있으니, 자네가 그를 찾아 함께 유물들을 보호하라 알리게.
린티엔아이　네, 국장님.
국장　　　　다음에 만날 때, 새로운 신분증과 여권을 그에게 주게나.

SCENE #1

린티엔아이
局长，我可以进来吗？
Júzhǎng, wǒ kěyǐ jìnlái ma?

국장
小林，进来吧。有没有找到文件？
Xiǎo Lín, jìnlái ba. Yǒu méiyǒu zhǎodào wénjiàn?

린티엔아이
文件找到了。
Wénjiàn zhǎodào le.

국장
他们是怎么拿到这些文物的？
Tāmen shì zěnme nádào zhèxiē wénwù de?

SCENE #2

린티엔아이
展览的时候，他们经常把文物换了假的。
Zhǎnlǎn de shíhou, tāmen jīngcháng bǎ wénwù huàn le jiǎ de.

국장
那他们怎么把文物送到国外?
Nà Tāmen zěnme bǎ wénwù sòngdào guówài ?

린티엔아이
高飞公司有进出口的船。
Gāo Fēi gōngsī yǒu jìnchūkǒu de chuán.

새단어모음.zip ● 18-02

局长 júzhǎng 명 국장
进来 jìnlái 동 들어오다, 들어가다
文件 wénjiàn 명 서류, 문건
文物 wénwù 명 유물, 문화재
展览 zhǎnlǎn 명 전시 동 전시하다

经常 jīngcháng 부 자주, 언제나
把 bǎ 개 ~을/를 [목적어를 동사 앞으로 전치(前置)시킴]
换 huàn 동 바꾸다, 교환하다
假 jiǎ 형 가짜의, 거짓의
送 sòng 동 보내다, 배웅하다

린티엔아이   局长，最近博物馆又有一些新的文物。
Júzhǎng, zuìjìn bówùguǎn yòu yǒu yìxiē xīn de wénwù.

국장   他们公司有一名警察，你找到他，
Tāmen gōngsī yǒu yì míng jǐngchá, nǐ zhǎodào tā,

告诉他一起保护这些文物。
gàosu tā yìqǐ bǎohù zhè xiē wénwù.

린티엔아이   是，局长。
Shì, júzhǎng.

국장   下次见面的时候，
Xiàcì jiànmiàn de shíhou,

你把新的身份证和护照给他吧。
nǐ bǎ xīn de shēnfènzhèng hé hùzhào gěi tā ba.

国外 guówài 몡 국외, 외국

进出口 jìnchūkǒu 몡 수출입

船 chuán 몡 배

又 yòu 뷔 또, 다시

名 míng 양 명 [사람을 세는 양사]

警察 jǐngchá 몡 경찰

告诉 gàosu 동 알리다, 말하다

保护 bǎohù 동 보호하다 몡 보호

身份证 shēnfènzhèng 몡 신분증

护照 hùzhào 몡 여권

▶ 방향보어

동사 뒤에 놓여 동작이나 행위의 방향을 나타내는 보어를 방향보어라고 해. 방향보어는 단순방향보어와 복합방향보어로 구분할 수 있어. 동사 뒤에 '来, 去' 또는 방향을 나타내는 단음절 동사 '上, 下, 进, 出, 回, 过, 起'가 와서 단순방향보어로 쓰여.

- **A** 小林，你的护照带来了吗? 샤오린, 여권 가져 왔어요?
  Xiǎo Lín, Nǐ de hùzhào dàilái le ma?

- **B** 带来了，在我的包里。 가져 왔어요. 가방 안에 있어요.
  Dàilái le, zài wǒ de bāo li.

그런데 보어로 쓰이는 방향동사들이 함께 나올 때가 있어. 동사 '上, 下, 进, 出, 回, 过, 起' 등이 '来'나 '去'와 결합한 후 다른 동사의 보어로 쓰이는 것을 복합방향보어라고 해.

	上 shàng	下 xià	进 jìn	出 chū	回 huí	过 guò	起 qǐ
来 lái	上来 올라오다	下来 내려오다	进来 들어오다	出来 나오다	回来 돌아오다	过来 건너오다	起来 일어나다
去 qù	上去 올라가다	下去 내려가다	进去 들어가다	出去 나가다	回去 돌아가다	过去 건너가다	

- **A** 师傅，您在哪儿? 기사님, 어디 계세요?
  Shīfu, nín zài nǎr?

- **B** 我在您的对面，您走过来吧。 손님 맞은편에 있어요. 건너오세요.
  Wǒ zài nín de duìmiàn, nín zǒu guòlái ba.

- 电梯坏了，我们走上去吧。 엘리베이터가 고장 났어. 우리 걸어 올라가자.
  Diàntī huài le, wǒmen zǒu shàngqu ba.

Tip 💡 Tip

'저 들어가도 될까요?'를 중국어로?

본문 첫 대사를 보면 린티엔아이가 들어가는 입장인데 왜 '我可以进去吗?'가 아니라 '我可以进来吗?' 라고 말했을까? '进来'는 원래 '들어오다'라는 뜻이지만, 만약 상대와 나의 거리가 가깝다면, 중국인은 자주 상대방의 입장에서 말하곤 한다. 국장과 린티엔아이의 거리가 문을 사이에 둔 가까운 거리였고, 국장 입장에서 린티엔아이가 '들어오는' 상황이기 때문에, 린티엔아이는 '进来'를 써서 물어본 것이다.

'把'자문

'把(bǎ)'자문은 중국인이 특히 자주 사용하는 어법 중 하나야! 중국어의 기본 어순이 '주어+술어+목적어'인건 다들 알고 있지? 그런데 '把'자문을 사용하면 목적어를 술어 앞으로 이동시켜서 주어가 목적어를 어떻게 처치하였는지를 강조할 수 있어. 이때 술어는 단독으로 쓰이지 않고, 뒤에 반드시 了, 着, 동사 중첩, 보어 등의 기타성분을 동반해.

주어＋把목적어＋술어＋기타성분

주어＋不/没＋把목적어＋술어＋기타성분

- 我已经把我的衣服洗完了。　나는 이미 내 옷을 다 빨았어요.
  Wǒ yǐjīng bǎ wǒ de yīfu xǐwán le.

- 我把今天的事情都告诉警察了。　나는 오늘 일을 모두 경찰에게 말했어요.
  Wǒ bǎ jīntiān de shìqing dōu gàosu jǐngchá le.

- 你把那个椅子放在这儿吧。　그 의자를 여기에 놓으세요.
  Nǐ bǎ nà ge yǐzi fàngzài zhèr ba.

✓체크체크 제시된 단어를 사용하여 '把'자문을 만들어 보세요.

[咖啡，喝完]

예 我把咖啡喝完了。

❶

[礼物，送给]

→ _____

❷ [这本书，放在]

→ _____

❸ [铅笔和身份证，带来]

→ _____

▶ ······的时候

‘······的时候'는 '~할 때' '~했을 때'라는 뜻으로, 특정한 상황이나 시간을 표현하고자 할 때 자주 쓰는 표현이야. 과거의 일을 이야기할 때나 앞으로 발생할 일을 이야기할 때도 쓸 수 있어.

- 春节的时候，中国人喜欢吃饺子。 춘제 때 중국인은 만두를 즐겨 먹는다.
  Chūnjié de shíhou, Zhōngguó rén xǐhuan chī jiǎozi.

- 大家出门的时候，把门关好。 여러분 밖에 나갈 때, 문을 잘 닫으세요.
  Dàjiā chū mén de shíhou, bǎ mén guānhǎo.

- 你去超市的时候，帮我买些面条儿吧。 네가 슈퍼 갈 때, 국수 좀 사다 줘.
  Nǐ qù chāoshì de shíhou, bāng wǒ mǎi xiē miàntiáor ba.

 ● 18-04

包 bāo 몡 가방 | 师傅 shīfu 몡 전문가, 기술자, 기사 | 对面 duìmiàn 몡 반대편, 맞은편 | 电梯 diàntī 몡 엘리베이터 | 坏 huài 혱 고장 나다, 망가지다 | 洗 xǐ 동 씻다, 빨다 | 事情 shìqing 몡 사건, 일 | 放 fàng 동 놓다, 두다 | 铅笔 qiānbǐ 몡 연필 | 饺子 jiǎozi 몡 만두, 교자 | 出门 chūmén 밖에 나가다, 외출하다 | 面条 miàntiáo 몡 국수

1 녹음을 듣고 빈칸을 채워 대화를 완성하세요. ◎ 18-05

린티엔아이　局长, ＿＿＿＿＿＿＿＿?

국장　　　小林, ＿＿＿＿＿＿＿。有没有找到文件?

린티엔아이　文件找到了。

국장　　　他们是怎么拿到这些文物的?

린티엔아이　＿＿＿＿＿＿＿＿＿＿＿＿＿, 他们经常把文物换了假的。

국장　　　那他们怎么＿＿＿＿＿＿＿＿＿＿国外?

린티엔아이　高飞公司有进出口的＿＿＿＿＿＿。

2 녹음을 듣고 질문에 알맞은 답을 고르세요. ◎ 18-06

(1) ① 她也不知道。Tā yě bù zhīdào.

　　② 她把文件放在桌子上。Tā bǎ wénjiàn fàngzài zhuōzi shang.

　　③ 她把文件带走了。Tā bǎ wénjiàn dàizǒu le.

(2) ① 他没带来他的护照。Tā méi dàilái tā de hùzhào.

　　② 他回家了。Tā huíjiā le.

　　③ 他把他的护照放在包里。Tā bǎ tā de hùzhào fàngzài bāo li.

3 빈칸에 들어갈 알맞은 단어를 골라 문장을 완성하세요. 🔊 18-07

| 보기 |

回去	过去	下来
huíqù	guòqù	xiàlái

(1)

等等我，我马上＿＿＿＿＿＿！ *马上 mǎshàng 바로, 지금

Děngděng wǒ, wǒ mǎshàng ＿＿＿＿＿＿！

기다려, 내가 바로 건너갈게!

(2)

这儿离家很近，我们跑＿＿＿＿＿＿吧！

Zhèr lí jiā hěn jìn, wǒmen pǎo ＿＿＿＿＿＿ ba!

여기는 집에서 가까우니, 우리 뛰어서 돌아가자!

(3)

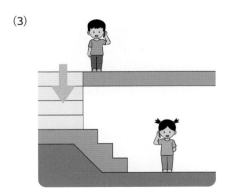

我已经在下楼了，你快＿＿＿＿＿＿吧。

Wǒ yǐjīng zài xiàlóu le, nǐ kuài ＿＿＿＿＿＿ ba.

나는 이미 아래층에 있으니, 빨리 내려와.

4 다음 메신저 질문에 중국어로 답해 보세요.

5 두 사람의 대화를 읽고 질문에 답해 봅시다.

국장 午先生为什么要这个文件呢?
Wǔ xiānsheng wèishénme yào zhè ge wénjiàn ne?

린티엔아이 我觉得他想找回这些文物。
Wǒ juéde tā xiǎng zhǎohuí zhèxiē wénwù.

국장 你的意思是,他也在保护这些文物? *意思 yìsi 뜻, 의미
Nǐ de yìsi shì, tā yě zài bǎohù zhèxiē wénwù?

린티엔아이 可能是,要找到午先生吗?
Kěnéng shì, yào zhǎodào Wǔ xiānsheng ma?

국장 让我想想吧。你先好好儿了解一下高飞的公司吧。
Ràng wǒ xiǎngxiang ba. Nǐ xiān hǎohāor liǎojiě yíxià Gāo Fēi de gōngsī ba.

린티엔아이 好的。
Hǎo de.

(1) 티엔아이는 우 선생이 무엇을 하려고 한다고 생각하나요?

☐ 그가 이 유물들을 가짜로 바꾸고 싶어한다고 생각한다

☐ 그가 이 유물들을 보호하고 싶어한다고 생각한다

☐ 그가 까오페이의 회사를 조사하고 싶어한다고 생각한다

(2) 다음 중 국장이 티엔아이에게 조사하라고 한 것은?

☐ 高飞的公司 Gāo Fēi de gōngsī

☐ 博物馆 bówùguǎn

☐ 午先生 Wǔ xiānsheng

▶ 정답 & 녹음대본

▶ 01화

1

(1) 我晚上七点下班。
Wǒ wǎnshang qī diǎn xiàbān.

(2) 今天十月十四号。
Jīntiān shí yuè shísì hào.

(1) 나는 저녁 7시에 퇴근해요.

(2) 오늘은 10월 14일이에요.

(1) ○　　　　　　　　(2) ×

2

(1) A 你几点上课? Nǐ jǐ diǎn shàngkè?

　　B 我下午五点上课。
　　Wǒ xiàwǔ wǔ diǎn shàngkè.

(2) A 你每天几点运动?
　　Nǐ měitiān jǐ diǎn yùndòng?

　　B 我每天早上七点运动。
　　Wǒ měitiān zǎoshang qī diǎn
　　yùndòng.

(3) A 我们下午一点去吃饭吧。
　　Wǒmen xiàwǔ yī diǎn qù chīfàn ba.

　　B 好! Hǎo!

(1) A 너는 몇 시에 수업하니?

　　B 나는 오후 다섯 시에 수업해.

(2) A 너는 매일 몇 시에 운동해?

　　B 나는 매일 아침 일곱 시에 운동해.

(3) A 우리 오후 한 시에 밥 먹으러 가자.

　　B 좋아!

(1) ②　　　　　　　(2) ③　　　　　　(3) ①

3

(1) A 哥，现在几点了?
　　Gē, xiànzài jǐ diǎn le?

　　B 现在九点半。
　　Xiànzài jiǔ diǎn bàn.

　　问 现在几点了? Xiànzài jǐ diǎn le?

(2) A 你明天几点下班?
　　Nǐ míngtiān jǐ diǎn xiàbān?

　　B 我明天晚上八点下班，你呢?
　　Wǒ míngtiān wǎnshang bā diǎn
　　xiàbān, nǐ ne?

　　A 我也八点下班，我们八点半见吧。
　　Wǒ yě bā diǎn xiàbān, wǒmen bā
　　diǎn bàn jiàn ba.

(1) A 형, 지금 몇 시야?

　　B 지금 아홉 시 반이야.

　　질문 지금은 몇 시인가?

(2) A 너 내일 몇 시에 퇴근해?

　　B 나는 내일 저녁 8시에 퇴근해. 너는?

　　A 나도 8시에 퇴근해. 우리 8시 반에 만나자!

　　B 좋아, 내일 봐!

　　질문 그들은 내일 몇 시에 만나나요?

B 好，我们明天见!
　Hǎo, wǒmen míngtiān jiàn!

问 他们明天几点见?
　Tāmen míngtiān jǐ diǎn jiàn?

(3) A 金老师，早! 他是谁?
　　　Jīn lǎoshī, zǎo! Tā shì shéi?

B 早! 他是我儿子。
　Zǎo! Tā shì wǒ érzi.

A 他今年几岁了? Tā jīnnián jǐ suì le?

B 他今年七岁了。 Tā jīnnián qī suì le.

问 他今年几岁了? Tā jīnnián jǐ suì le?

---

(3) A 김 선생님, 안녕하세요! 저 아이는 누구예요?

B 안녕하세요! 제 아들이에요.

A 올해 몇 살이에요?

B 올해 7살이에요.

질문 그는 올해 몇 살인가요?

---

(1) ① 　　　　　 (2) ② 　　　　　 (3) ③

4

(1) A 你今年多大了? Nǐ jīnnián duō dà le?

B 我今年十五岁了。
　Wǒ jīnnián shíwǔ suì le.

(2) A 他的生日是几月几号?
　　　Tā de shēngrì shì jǐ yuè jǐ hào?

B 他的生日是六月八号。
　Tā de shēngrì shì liù yuè bā hào.

---

(1) A 당신은 올해 몇 살인가요?

B 저는 올해 열다섯 살이에요.

(2) A 그의 생일은 몇 월 며칠인가요?

B 그의 생일은 6월 8일입니다.

---

(1) ① 　　　　　 (2) ②

5

(1) 高飞早上九点十六分坐地铁。
　Gāo Fēi zǎoshang jiǔ diǎn shíliù fēn zuò dìtiě.

(2) 您今年多大年纪了?
　Nín jīnnián duō dà niánjì le?

(3) 高飞和小狗每天晚上八点半运动。
　Gāo Fēi hé xiǎo gǒu měitiān wǎnshang bā diǎn bàn yùndòng.

---

(1) 까오페이는 아침 9시 16분에 지하철을 탄다.

(2) 올해 연세가 어떻게 되시나요?

(3) 까오페이와 강아지는 매일 저녁 8시 반에 운동한다.

6

(1) 他晚上七点下班。
　Tā wǎnshang qī diǎn xiàbān.

(2) 他们七点半去吃饭。
　Tāmen qī diǎn bàn qù chīfàn.

---

(1) 그는 저녁 7시에 퇴근한다.

(2) 그들은 7시 반에 밥을 먹으러 간다.

(3) 他今年二十七岁了。
Tā jīnnián èrshíqī suì le.

(4) 现在几点了？ Xiànzài jǐ diǎn le?

(3) 그는 올해 스물일곱 살이다.

(4) 지금 몇 시인가요?

▶ 02화

1

(1) 年轻人，真麻烦！
Niánqīng rén, zhēn máfan!

(2) 不好意思，我今天有约会。
Bù hǎoyìsi, wǒ jīntiān yǒu yuēhuì.

(1) 젊은 것들은 정말 귀찮아!

(2) 미안해요. 저는 오늘 데이트가 있어요.

(1) ✕   (2) ✕

2

(1) A 您好，我能进来吗？
Nín hǎo, wǒ néng jìnlái ma?
B 请进。 Qǐng jìn.

(2) A 大家好，很高兴认识你们。
Dàjiā hǎo, hěn gāoxìng rènshi nǐmen.
B 我也很高兴认识你。
Wǒ yě hěn gāoxìng rènshi nǐ.

(3) A 小林，生日快乐！这是生日礼物。
Xiǎo Lín, shēngrì kuàilè! Zhè shì shēngrì lǐwù.
B 谢谢你了。 Xièxie nǐ le.

(1) A 안녕하세요, 제가 들어가도 될까요?
B 들어오세요.

(2) A 안녕하세요, 여러분을 만나서 반가워요.
B 저도 당신을 만나서 반가워요.

(3) A 샤오린, 생일 축하해! 이건 생일 선물이야.
B 고마워.

(1) ②   (2) ③   (3) ②

3

(1) 祝你一路平安。 Zhù nǐ yílù píng'ān.

(2) 祝你考试顺利！ Zhù nǐ kǎoshì shùnlì!

(3) 对不起，给您添麻烦了。
Duìbuqǐ, gěi nín tiān máfan le.

(1) 순조로운 여행되기를 바랍니다.

(2) 시험 잘 봐!

(3) 죄송해요, 폐를 끼쳤습니다.

4

(1) 祝你生日快乐！ Zhù nǐ shēngrì kuàilè!	(1) 생일 축하합니다!
(2) 约会　yuēhuì	(2) 데이트
(3) 请进。Qǐng jìn.	(3) 들어오세요.
(4) 不好意思。Bù hǎoyìsi.	(4) 미안해요.

▶ 03화

1

(1) 你真不错！ Nǐ zhēn búcuò!	(1) 너 정말 잘했네!
(2) 我喜欢吃烤鸭。Wǒ xǐhuan chī kǎoyā.	(2) 나는 오리구이를 좋아해요.
(3) 我打电话问一下。 Wǒ dǎ diànhuà wèn yíxià.	(3) 내가 전화해서 물어볼게요.
(4) 这杯咖啡很好喝。 Zhè bēi kāfēi hěn hǎohē.	(4) 이 커피는 맛있어요.

(1) ✕　　　　　(2) ○　　　　　(3) ○　　　　　(4) ✕

2

(1) A 我们去哪儿吃饭？ 　　Wǒmen qù nǎr chīfàn? B 我们去西单吧。那儿有很多饭店。 　　Wǒmen qù Xīdān ba. Nàr yǒu hěn duō fàndiàn.	(1) A 우리 어디 가서 밥 먹을까? B 우리 시단 가자. 거기 식당이 많아.
(2) A 你想听什么歌？ 　　Nǐ xiǎng tīng shénme gē? B 我想听中国歌。 　　Wǒ xiǎng tīng Zhōngguó gē.	(2) A 너 무슨 노래 듣고 싶어? B 나는 중국 노래를 듣고 싶어.
(3) A 爸爸在哪儿？ Bàba zài nǎr? B 我也不知道，我们打电话问一下。 　　Wǒ yě bù zhīdào, wǒmen dǎ diànhuà wèn yíxià.	(3) A 아빠는 어디 계셔? B 나도 몰라. 우리 전화해서 여쭤 보자.
(4) A 今天路上车太多了，这里也没有自行车。Jīntiān lù shang chē tài duō le, zhèlǐ yě méiyǒu zìxíngchē. B 那我们坐地铁，怎么样？ 　　Nà wǒmen zuò dìtiě, zěnmeyàng?	(4) A 오늘 길에 차가 너무 많다. 여기 자전거도 없어. B 그럼 우리 지하철 타는 건 어때?

(1) ③　　　　　(2) ①　　　　　(3) ②　　　　　(4) ①

3 (1) 现在是下班时间，公司里没有人。Xiànzài shì <u>xiàbān shíjiān</u>, gōngsī li méiyǒu rén.

(2) 你去哪儿买东西？Nǐ <u>qù nǎr</u> mǎi dōngxi?

(3) 我们去西单买衣服，怎么样？Wǒmen <u>qù Xīdān mǎi yīfu</u>, zěnmeyàng?

4

(1) 烤鸭　kǎoyā	(1) 오리구이
(2) (西单)车太多。 (Xīdān) chē tài duō.	(2) (시단은) 차가 많다.
(3) (三里屯)人太多。 (Sānlǐtún) rén tài duō.	(3) (싼리툰은) 사람이 많다.
(4) 没位子。 Méi wèizi.	(4) 자리가 없다.

▶ 04화

1

(1) A 张老师在吗？Zhāng lǎoshī zài ma?

B 他不在，他正在开会呢。
Tā bú zài, tā zhèngzài kāihuì ne.

(2) A 你看见我的文件了吗？
Nǐ kànjiàn wǒ de wénjiàn le ma?

B 看见了，在电脑后面。
Kànjiàn le, zài diànnǎo hòumiàn.

(3) A 老师什么时候回来？
Lǎoshī shénme shíhou huílái?

B 老师十分钟后回来。
Lǎoshī shí fēnzhōng hòu huílái.

(1) A 장 선생님 계시나요?

B 안 계세요. 그는 회의하는 중이에요.

(2) A 제 문서 보셨나요?

B 봤어요. 컴퓨터 뒤에 있어요.

(3) A 선생님은 언제 돌아오세요?

B 선생님은 10분 후에 돌아오세요.

(1) ③　　　　(2) ②　　　　(3) ②

2

(1) A 我们什么时候去看电影？
Wǒmen shénme shíhou qù kàn diànyǐng?

B 两个小时后去，好吗？
Liǎng ge xiǎoshí hòu qù, hǎo ma?

A 现在几点了？Xiànzài jǐ diǎn le?

B 现在下午三点了。
Xiànzài xiàwǔ sān diǎn le.

问 他们几点去看电影？
Tāmen jǐ diǎn qù kàn diànyǐng?

(1) A 우리 언제 영화 보러 갈까?

B 두 시간 후에 갈까?

A 지금 몇 시지?

B 지금 오후 세 시야.

질문 그들은 몇 시에 영화를 보러 가나요?

(2) A 前面那个人是谁?
Qiánmiàn nà ge rén shì shéi?

B 哪个人呢? 在老师旁边的那个人吗?
Nǎ ge rén ne? Zài lǎoshī pángbiān de nà ge rén ma?

A 对。她是谁? Duì. Tā shì shéi?

B 她是我的同学。
Tā shì wǒ de tóngxué.

问 前面那个人是谁?
Qiánmiàn nà ge rén shì shéi?

(2) A 앞에 저 사람은 누구야?

B 누구? 선생님 옆에 있는 저 사람?

A 그래, 그녀는 누구니?

B 그녀는 내 학우야.

질문 앞에 그 사람은 누구인가요?

(1) ③   (2) ①

3

(1) A 邮局在哪儿? Yóujú zài nǎr?

B 邮局在学校<u>前面</u>。
Yóujú zài Xuéxiào <u>qiánmiàn</u>.

(2) A 便利店在哪儿? Biànlìdiàn zài nǎr?

B 公司<u>旁边</u>有便利店。
Gōngsī <u>pángbiān</u> yǒu biànlìdiàn.

(3) A 银行在哪儿? Yínháng zài nǎr?

B 银行在医院<u>后面</u>。
Yínháng zài yīyuàn <u>hòumiàn</u>.

(1) A 우체국은 어디에 있나요?

B 우체국은 학교 앞에 있어요.

(2) A 편의점은 어디에 있나요?

B 회사 옆에 편의점이 있어요.

(3) A 은행은 어디에 있나요?

B 은행은 병원 뒤에 있어요.

4 (1) 苹果在桌子上面。 Píngguǒ zài zhuōzi shàngmiàn.

(2) 你们什么时候去睡觉? Nǐmen shénme shíhou qù shuìjiào?

5

(1) 开会 kāihuì / 他正在开会(呢)。
Tā zhèngzài kāihuì (ne).

(2) 他十分钟后回来。
Tā shí fēnzhōng hòu huílái.

(3) 韩语老师 Hányǔ lǎoshī

(4) 他们明天晚上去看电影。
Tāmen míngtiān wǎnshang qù kàn diànyǐng.

(1) 회의하다 / 그는 회의하는 중이다.

(2) 그는 10분 후에 돌아온다.

(3) 한국어 선생님

(4) 그들은 내일 저녁에 영화 보러 간다.

6

(1) 他七点起床。Tā qī diǎn qǐ chuáng.

(2) 他早上十点坐地铁上班。Tā zǎoshang shí diǎn zuò dìtiě shàngbān.

(3) 下午三点半他去咖啡厅买杯咖啡。Xiàwǔ sān diǎn bàn tā qù kāfēitīng mǎi bēi kāfēi.

(4) 他晚上八点回家。Tā wǎnshang bā diǎn huíjiā.

(5) 晚上十点他去睡觉。Wǎnshang shí diǎn tā qù shuìjiào.

(1) 그는 일곱 시에 일어난다.

(2) 그는 아침 열 시에 지하철을 타고 출근한다.

(3) 오후 세 시 반에 그는 카페에 가서 커피를 산다.

(4) 그는 저녁 8시에 집에 돌아온다.

(5) 저녁 열 시에 그는 잠자리에 든다.

▶ 05화

1

본문 대화 녹음

(1) 我会写汉字。Wǒ huì xiě Hànzì.

(2) 我不会说英语，我会说韩语。Wǒ bú huì shuō Yīngyǔ, wǒ huì shuō Hányǔ.

(3) 我妹妹喜欢做菜。Wǒ mèimei xǐhuan zuò cài.

(4) A 听我朋友说，他有女朋友了。Tīng wǒ péngyou shuō, tā yǒu nǚ péngyou le.

B 真的吗? Zhēn de ma?

(1) 나는 한자를 쓸 줄 알아요.

(2) 나는 영어는 못하고, 한국어를 할 줄 알아요.

(3) 내 여동생은 요리하는 걸 좋아해요.

(4) A 내 친구한테 듣기로는 걔 여자 친구 생겼대.

B 정말이야?

(1) ○   (2) ×   (3) ○   (4) ○

2

본문 대화 녹음

(1) A 你能读一下这本书吗? Nǐ néng dú yíxià zhè běn shū ma?

B 好，没问题。Hǎo, méi wèntí.

(2) A 听老板说，你有一个儿子。Tīng lǎobǎn shuō, nǐ yǒu yí ge érzi.

B 对，我儿子八岁了。Duì, wǒ érzi bā suì le.

(1) A 너 이 책을 좀 읽어 볼 수 있어?

B 네, 문제없어요.

(2) A 사장님한테 듣기로는 아들이 하나 있으시다고요.

B 맞아요, 제 아들은 여덟 살이에요.

(1) ①   (2) ③

3

(1) A 你们会说英语吗?
Nǐmen huì shuō Yīngyǔ ma?

B 我会说英语，她会说一点儿。
Wǒ huì shuō Yīngyǔ, tā huì shuō yìdiǎnr.

A 她是哪国人? Tā shì nǎ guó rén?

B 她是韩国人，她会说韩语和中文。
Tā shì Hánguó rén, tā huì shuō Hányǔ hé Zhōngwén.

A 太厉害了! 我也想学韩语。
Tài lìhai le! Wǒ yě xiǎng xué Hányǔ.

B 那我们一起学习韩语吧。
Nà wǒmen yìqǐ xuéxí Hányǔ ba.

A 好! Hǎo!

(2) A 你会不会做菜?
Nǐ huì bu huì zuò cài?

B 我会，我很喜欢做菜。
Wǒ huì, wǒ hěn xǐhuan zuò cài.

A 你会做什么菜?
Nǐ huì zuò shénme cài?

B 我会做中国菜，我今天做西红柿炒鸡蛋。Wǒ huì zuò Zhōngguó cài, wǒ jīntiān zuò Xīhóngshì chǎojīdàn.

A 好吃吗? 我也想吃。
Hǎochī ma? Wǒ yě xiǎng chī.

B 那我们晚上一起去我家吃饭吧。我来做。Nà wǒmen wǎnshang yìqǐ qù wǒ jiā chīfàn ba. Wǒ lái zuò.

A 真的吗? 谢谢!
Zhēn de ma? Xièxie!

(3) A 早! 你去哪儿? Zǎo! Nǐ qù nǎr?

B 早! 我去食堂吃饭。
Zǎo! Wǒ qù shítáng chīfàn.

A 听说公司旁边的麻辣香锅很好。
Tīngshuō gōngsī pángbiān de Málàxiāngguō hěn hǎo.

B 麻辣香锅? 那个饭店在哪儿?
Málàxiāngguō? Nà ge fàndiàn zài nǎr?

(1) A 너희들 영어를 할 줄 아니?

B 나는 영어를 할 줄 알고, 얘는 조금 할 줄 알아.

A 그녀는 어느 나라 사람이야?

B 그녀는 한국인인데, 한국어와 중국어를 할 줄 알아.

A 대단하다! 나도 한국어 배우고 싶었는데.

B 그럼 우리 같이 한국어 배우자.

A 좋아!

(2) A 너 요리할 줄 알아?

B 할 줄 알아. 나는 요리하는 거 좋아해.

A 무슨 요리 할 줄 알아?

B 중국 요리 할 줄 알아. 나 오늘 토마토 달걀볶음 만들었어.

A 맛있어? 나도 먹고 싶다.

B 그럼 우리 저녁에 같이 우리 집에 가서 밥 먹자. 내가 해 줄게.

A 정말? 고마워!

(3) A 안녕! 너 어디 가?

B 안녕! 나 식당 가서 밥 먹으려고.

A 회사 옆에 마라샹궈가 괜찮대.

B 마라샹궈? 그 식당은 어디 있는데?

A 회사 북문 옆에 있어.

A 在公司北门旁边。
Zài gōngsī běimén pángbiān.

(1) ③   (2) ②   (3) ②

4
(1) 我会说一点儿中文，不会说日语。 Wǒ huì shuō yìdiǎnr Zhōngwén, bú huì shuō Rìyǔ.

(2) 我会做韩国菜和中国菜。 Wǒ huì zuò Hánguó cài hé Zhōngguó cài.

5

(1) 电影好看吗? Diànyǐng hǎokàn ma?	(1) 영화 재미있었어요?
(2) 他不会写汉字。 Tā bú huì xiě Hànzì.	(2) 그는 한자를 쓸 줄 모른다.
(3) 他会说一点儿韩语。 　　 Tā huì shuō yìdiǎnr Hányǔ.	(3) 그는 한국어를 조금 할 줄 안다.
(4) 她不太会做菜。 Tā bú tài huì zuò cài.	(4) 그녀는 요리를 잘 못한다.

6

G 你能不能吃香菜?	G 너 샹차이 먹을 수 있어?
B 我不能吃香菜，你呢?	B 나는 샹차이 못 먹어. 너는?
C 我非常喜欢吃香菜。那你会做菜吗?	C 나는 샹차이 엄청 좋아해. 그럼 너 요리 할 줄 알아?
F 我会做一点儿，我喜欢做意大利面。	F 조금 할 줄 알아. 나는 파스타를 즐겨 만들어.
E 听说，做菜很难。我不会做菜。	E 요리하는 거 어렵다던데, 나는 요리 못해.
A 做意大利面很容易。那明天我们一起做意大利面，怎么样?	A 파스타 만드는 건 쉬워. 그럼 내일 우리 같이 파스타 만들까?
D 真的吗? 我想做!	D 정말? 만들어 보고 싶어!

G–B–C–F–E–A–D

▶ 06화

✔체크체크
① 要 yào   ② 会 huì   ③ 想 xiǎng   ④ 能 néng   ⑤ 可以 kěyǐ

1

(1) 去公交车站，怎么走? Qù gōngjiāochē zhàn, zěnme zǒu?	(1) 버스 정류장에 어떻게 가나요?
(2) 时间太晚了，没有地铁了，我要打车走。 Shíjiān tài wǎn le, méiyǒu dìtiě le, wǒ yào dǎ chē zǒu.	(2) 시간이 너무 늦어서 지하철이 끊겼어요. 저는 택시 타고 갈게요.

(3) 我现在不会开车，我下个月去学开车。
Wǒ xiànzài bú huì kāichē, wǒ xià ge yuè qù xué kāichē.

(3) 나 지금 운전 못해. 다음 달에 운전 배우러 갈 거야.

(4) 外面雨很大，你不要开车。
Wàimiàn yǔ hěn dà, nǐ bú yào kāichē.

(4) 밖에 비 많이 온다. 너 운전 하지 마.

(1) ○　　　　　　　(2) ×　　　　　　　(3) ×　　　　　　　(4) ○

2　본문대응녹음

(1) A 我们怎么去火车站?
Wǒmen zěnme qù huǒchē zhàn?

B 火车站太远了，我们打车吧。
Huǒchē zhàn tài yuǎn le, wǒmen dǎ chē ba.

(1) A 우리 기차역에 어떻게 갈까?

B 기차역은 너무 멀어. 우리 택시 타자.

(2) A 你怎么去上班?
Nǐ zěnme qù shàngbān?

B 我可以坐你的车吗?
Wǒ kěyǐ zuò nǐ de chē ma?

A 没问题，上来吧。
Méi wèntí, shànglái ba.

(2) A 너 어떻게 출근할 거야?

B 네 차 타도 될까?

A 문제없지, 타.

(1) ①　　　　　　　(2) ①

3　녹음대본

(1) A 您好，我们什么时候能到?
Nín hǎo, wǒmen shénme shíhou néng dào?

B 我们10分钟能到那儿。
Wǒmen shí fēnzhōng néng dào nàr.

A 好的。因为我今天有重要的会议，我要早点儿到公司。Hǎo de. Yīnwèi wǒ jīntiān yǒu zhòngyào de huìyì, wǒ yào zǎo diǎnr dào gōngsī.

B 没问题。Méi wèntí.

(1) A 안녕하세요, 저희 언제 도착할 수 있을까요?

B 10분이면 그곳에 도착해요.

A 알겠어요. 제가 오늘 중요한 회의가 있거든요. 회사에 좀 일찍 도착해야 해요.

B 문제없어요.

(2) A 你有车吗? Nǐ yǒu chē ma?

B 我没买车，我不会开车。
Wǒ méi mǎi chē, wǒ bú huì kāichē.

A 那你什么时候去学开车?
Nà nǐ shénme shíhou qù xué kāichē?

B 我下个月五号去学开车。
Wǒ xià ge yuè wǔ hào qù xué kāichē.

(2) A 너 차 있어?

B 나 차 안 샀어. 운전을 못해.

A 그럼 언제 운전 배우러 갈 거야?

B 다음 달 5일에 운전 배우러 갈 거야.

(1) ③　　　　　　　(2) ②

4

네 사람	我们**到**西安了!
	wǒmen **dào** Xī'ān le!
찐쫑밍	**听说**，西安有很多好吃的东西。
	Tīng shuō, Xī'ān yǒu hěn duō hǎo chī de dōngxi.
리따리	对，我特别**想**吃凉皮。
	Duì, wǒ tèbié **xiǎng** chī Liángpí.
까오페이	我想吃油泼面!
	Wǒ xiǎng chī Yóupōmiàn!
리웨이	我们现在**要**去博物馆，**因为**老板在那儿等我们。
	Wǒmen xiànzài **yào** qù bówùguǎn, **yīnwèi** lǎobǎn zài nàr děng wǒmen.
세 사람	好。Hǎo.

네 사람	시안에 도착했다!
찐쫑밍	시안에 맛있는 음식이 많다고 하던데.
리따리	맞아, 나는 특히 량피가 먹고 싶어.
까오페이	나는 요우포미엔이 먹고 싶어!
리웨이	우리 지금 박물관에 가야 해요. 대표님이 거기서 우리를 기다리고 계시니까요.
세 사람	알았어요.

5

(1) 他们要去火车站。
Tāmen yào qù huǒchē zhàn.

(2) 他喜欢坐地铁。Tā xǐhuan zuò dìtiě.

(3) 金中明不喜欢开车，高飞不会开车。
Jīn Zhōngmíng bù xǐhuan kāichē, Gāo fēi bú huì kāichē.

(4) 西安
Xī'ān

(1) 그들은 기차역에 가려고 한다.

(2) 그는 지하철 타는 것을 좋아한다.

(3) 찐쫑밍은 운전하는 것을 좋아하지 않고, 까오페이는 운전을 할 줄 모른다.

(4) 시안

▶ 07화

1

(1) A 这个饭店人好多啊，我们等一下儿吧。
Zhè ge fàndiàn rén hǎo duō a, wǒmen děng yíxiàr ba.

B 好。Hǎo.

(2) A 你喜欢吃甜点吗?
Nǐ xǐhuan chī tiándiǎn ma?

B 我不喜欢吃甜点。
Wǒ bù xǐhuan chī tiándiǎn.

(1) A 이 식당 사람 엄청 많네. 우리 좀 기다리자.

B 그래.

(2) A 너 디저트 좋아하니?

B 나는 디저트 안 좋아해.

(3) A 请问，我们的菜什么时候来？
　　　Qǐng wèn, wǒmen de cài shénme shíhou lái?

　　B 不好意思，我看一下。
　　　Bù hǎoyìsi, wǒ kàn yíxià.

(3) A 저기요, 저희 음식은 언제 나오나요?

　　B 죄송합니다. 제가 확인할게요.

(1) ① 　　　　　(2) ① 　　　　　(3) ②

2

본문 녹음대본

(1) A 喂，林医生在家吗？
　　　Wéi, Lín yīshēng zài jiā ma?

　　B 她不在家，她去医院了。
　　　Tā bú zài jiā, tā qù yīyuàn le.

　　A 她什么时候回家？
　　　Tā shénme shíhou huíjiā?

　　B 她两个小时后回家。
　　　Tā liǎng ge xiǎoshí hòu huíjiā.

(2) A 喂，你在哪儿？ Wéi, nǐ zài nǎr?

　　B 我在小区里。 Wǒ zài xiǎoqū li.

　　A 你住在哪里？ Nǐ zhùzài nǎlǐ?

　　B 我住在阳光上东小区。 Wǒ zhùzài Yángguāng shàngdōng xiǎoqū.

(3) A 你在做什么？ Nǐ zài zuò shénme?

　　B 我在等我女朋友。
　　　Wǒ zài děng wǒ nǚpéngyǒu.

　　A 她住在这个小区吗？
　　　Tā zhùzài zhè ge xiǎoqū ma?

　　B 她不住在这个小区，她在那个超市买东西。
　　　Tā bú zhùzài zhè ge xiǎoqū, tā zài nà ge chāoshì mǎi dōngxi.

(1) A 여보세요, 린 의사 선생님 집에 계시나요?

　　B 그녀는 집에 없어요. 병원 갔어요.

　　A 언제 집에 돌아오시나요?

　　B 두 시간 뒤에 집에 돌아와요.

(2) A 여보세요, 너 어디야?

　　B 나 동네에 있어.

　　A 너 어디 사는데?

　　B 나 양광상둥에 살아.

(3) A 너 뭐하고 있어?

　　B 나 여자 친구 기다리고 있어.

　　A 그녀가 이 동네에 살아?

　　B 이 동네에 안 살아. 그녀는 저 슈퍼마켓에서 물건을 사고 있어.

(1) ② 　　　　　(2) ③ 　　　　　(3) ③

3

(1) A 我好想你啊！ Wǒ hǎo xiǎng nǐ a!

　　B 我也很想你。 Wǒ yě hěn xiǎng nǐ.

(2) A 喂，您找谁？ Wéi, nín zhǎo shéi?

　　B 喂，高飞在吗？ Wéi, Gāo Fēi zài ma?

(1) A 네가 너무 보고 싶다!

　　B 나도 네가 보고 싶어.

(2) A 여보세요, 누구를 찾으세요?

　　B 여보세요, 까오페이 있나요?

(3) **A** 你住在哪儿？ Nǐ zhùzài nǎr? 　　**B** 我住在上海。 Wǒ zhùzài Shànghǎi.	(3) **A** 당신은 어디에 살아요? 　　**B** 저는 상하이에 살아요.

(1) ①　　　　　　(2) ③　　　　　　(3) ③

4 (1) 我们在超市里面等吧。 Wǒmen zài chāoshì lǐmiàn děng ba.

　 (2) 去年我的表妹住在这里。 Qùnián wǒ de biǎomèi zhùzài zhèlǐ.

5 (1) 你等我，我<u>十分钟后</u>到家。 Nǐ děng wǒ, wǒ <u>shí fēnzhōng hòu</u> dào jiā.

　 (2) 我认识他，他是<u>我的邻居</u>。 Wǒ rènshi tā, tā shì <u>wǒ de línjū</u>.

　 (3) 他<u>在美国的大学</u>教英语。 Tā <u>zài Měiguó de dàxué</u> jiāo Yīngyǔ.

6

(1) 小星是高飞的表妹。 　　Xiǎo Xīng shì Gāo Fēi de biǎomèi. (2) 去我家等吧。 Qù wǒ jiā děng ba. (3) 他在法国的学校学习做甜点。 　　Tā zài Fǎguó de xuéxiào xuéxí zuò 　　tiándiǎn.	(1) 샤오씽은 까오페이의 사촌 여동생이다. (2) 우리 집에 가서 기다려요. (3) 그는 프랑스의 학교에서 디저트 만드는 것을 배운다.

▶ 08화

✔체크체크
① 问：他是从哪儿来的？ Tā shì cóng nǎr lái de?
　答：他是从法国来的。 Tā shì cóng Fǎguó lái de.
② 问：你是怎么来的？ Nǐ shì zěnme lái de?
　答：我是骑自行车来的。 Wǒ shì qí zìxíngchē lái de.

1

(1) 你的椅子好漂亮，但是太贵了！ 　　Nǐ de yǐzi hǎo piàoliang, dànshì tài guì 　　le!	(1) 네 의자 정말 예쁘다. 그런데 너무 비싸!
(2) 我是坐飞机来的。 　　Wǒ shì zuò fēijī lái de.	(2) 나는 비행기를 타고 왔어요.

(1) ×　　　　　　(2) ○

2

(1) A 他们是你的大学同学吗?
Tāmen shì nǐ de dàxué tóngxué ma?

B 不是，他们是我的中学同学。
Bú shì, tāmen shì wǒ de zhōngxué tóngxué.

(2) A 你会画画吗? Nǐ huì huà huà ma?

B 我不会画画，但是我姐姐会画画。
Wǒ bú huì huà huà, dànshì wǒ jiějie huì huà huà.

(3) A 爸爸是怎么来的?
Bàba shì zěnme lái de?

B 爸爸是打车来的。
Bàba shì dǎ chē lái de.

(4) A 这个杯子是喝咖啡的吗?
Zhè ge bēizi shì hē kāfēi de ma?

B 不是，这个杯子是喝牛奶的。
Bú shì, Zhè ge bēizi shì hē niúnǎi de.

(1) A 그들은 너의 대학 동창이니?

B 아니, 그들은 나의 중고등학교 동창이야.

(2) A 너 그림 그릴 줄 알아?

B 나는 그림 못 그려. 하지만 우리 언니는 그림 그릴 줄 알아.

(3) A 아버지는 어떻게 오셨어요?

B 아버지는 택시 타고 오셨어.

(4) A 이 컵은 커피 마시는 컵인가요?

B 아니요, 이 컵은 우유 마시는 컵이에요.

(1) ③   (2) ③   (3) ③   (4) ①

3

(1) A 张老师，您是怎么来学校的?
Zhāng lǎoshī, nín shì zěnme lái xuéxiào de?

B 我是坐地铁来的，你呢?
Wǒ shì zuò dìtiě lái de, nǐ ne?

A 我是骑自行车来的。
Wǒ shì qí zìxíngchē lái de.

(2) A 她是谁? Tā shì shéi?

B 她是我女朋友。
Tā shì wǒ nǚpéngyou.

A 你们是在哪儿认识的?
Nǐmen shì zài nǎr rènshi de?

B 我们是在大学认识的。
Wǒmen shì zài dàxué rènshi de.

(1) A 장 선생님, 어떻게 학교에 오셨나요?

B 저는 지하철 타고 왔어요. 당신은요?

A 저는 자전거 타고 왔어요.

(2) A 그녀는 누구니?

B 그녀는 내 여자 친구야.

A 너희는 어디에서 알게 되었어?

B 우리는 대학에서 알게 되었어.

(3) A 李老师为什么不坐飞机来？
　　 Lǐ lǎoshī wèishénme bú zuò fēijī lái?

　 B 因为下雨了，所以她没坐飞机来。
　　 Yīnwèi xià yǔ le, suǒyǐ tā méi zuò fēijī lái.

　 A 她今天会来吗？ Tā jīntiān huì lái ma?

　 B 她今天会来的，但是会晚一点儿到。
　　 Tā jīntiān huì lái de, dànshì huì wǎn yìdiǎnr dào.

(3) A 리 선생님은 왜 비행기 타고 오시지 않나요?

　 B 비가 와서 그녀는 비행기를 못 탔어요.

　 A 오늘 오시나요?

　 B 오늘 오실 거예요. 하지만 좀 늦게 도착하실 거예요.

(1) ①　　　　　(2) ③　　　　　(3) ③

4

(1) 小星是坐飞机来北京的。
　 Xiǎo Xīng shì zuò fēijī lái Běijīng de.

(2) 林天爱的椅子是在798买的。
　 Lín Tiān'ài de yǐzi shì zài Qījiǔbā mǎi de.

(3) 他们是在学校认识的。
　 Tāmen shì zài xuéxiào rènshi de.

(4) 因为他妈妈是画家。
　 Yīnwèi tā māma shì huàjiā.

(1) 샤오씽은 비행기를 타고 베이징에 왔다.

(2) 린티엔아이의 의자는 798예술구에서 산 것이다.

(3) 그들은 학교에서 알게 되었다.

(4) 그의 어머니가 화가이기 때문이다.

5

(1) 당신의 핸드폰은 무슨 색깔입니까?

(2) 당신의 핸드폰은 언제 산 것입니까?

(3) 당신의 핸드폰은 어디에서 산 것입니까?

(4) 당신의 핸드폰은 (용량이) 얼마나 큽니까?

A 내 핸드폰은 256GB입니다.

B 내 핸드폰은 흰색입니다.

C 내 핸드폰은 서울의 애플 스토어에서 샀습니다.

D 내 핸드폰은 작년에 산 것입니다.

(1) B　　　　　(2) D　　　　　(3) C　　　　　(4) A

▶ 09화

✓ 체크체크

① 爸爸的弟弟是<u>叔叔</u>。 Bàba de dìdi shì <u>shūshu</u>. 아버지의 남동생은 삼촌이다.

② 妈妈的姐姐是<u>姨妈</u>。 Māma de jiějie shì <u>yímā</u>. 어머니의 언니는 이모이다.

③ 爸爸的爸爸是<u>爷爷</u>。 Bàba de bàba shì <u>yéye</u>. 아버지의 아버지는 친할아버지이다.

④ 妈妈的妈妈是<u>姥姥/外婆</u>。 Māma de māma shì <u>lǎolao/wàipó</u>. 어머니의 어머니는 외할머니이다.

1

⑴ 我和我朋友一起去旅游了。
Wǒ hé wǒ péngyou yìqǐ qù lǚyóu le.

⑵ 因为我奶奶喜欢运动，所以她的身体很好。Yīnwèi wǒ nǎinai xǐhuan yùndòng, suǒyǐ tā de shēntǐ hěn hǎo.

⑶ 我和叔叔一起玩儿游戏。
Wǒ hé shūshu yìqǐ wánr yóuxì.

⑷ 我想和你一起去故宫玩儿。
Wǒ xiǎng hé nǐ yìqǐ qù Gùgōng wánr.

⑴ 나는 친구와 함께 여행을 갔어요.

⑵ 우리 할머니는 운동을 좋아하셔서 몸이 건강하세요.

⑶ 나는 삼촌과 함께 게임을 해요.

⑷ 나는 너와 같이 꾸궁에 놀러 가고 싶어.

⑴ ○ ⑵ ✕ ⑶ ○ ⑷ ○

2

⑴ A 今天你和姐姐一起玩儿吗？
Jīntiān nǐ hé jiějie yìqǐ wánr ma?

 B 我想和姐姐一起玩儿，但是她在家工作。
Wǒ xiǎng hé jiějie yìqǐ wánr, dànshì tā zài jiā gōngzuò.

⑵ A 你爸爸妈妈身体好吗？
Nǐ bàba māma shēntǐ hǎo ma?

 B 我爸爸妈妈身体很好。
Wǒ bàba māma shēntǐ hěn hǎo.

⑴ A 오늘 너는 언니와 같이 놀아?

 B 나는 언니와 놀고 싶지만, 언니는 집에서 일하고 있어.

⑵ A 너희 아버지와 어머니는 건강하시니?

 B 아버지, 어머니는 건강하세요.

⑴ ② ⑵ ②

3

⑴ A 姑姑不在北京吗？
Gūgu bú zài Běijīng ma?

 B 对，因为姑姑在东京工作，所以她现在不在北京。Duì, Yīnwèi gūgu zài Dōngjīng gōngzuò, suǒyǐ tā xiànzài bú zài Běijīng.

 问 姑姑为什么不在北京？
Gūgu wèishénme bú zài Běijīng?

⑵ A 你想看那个电影吗？
Nǐ xiǎng kàn nà ge diànyǐng ma?

 B 我不想看，听说那个电影很无聊。
Wǒ bù xiǎng kàn, tīngshuō nà ge diànyǐng hěn wúliáo.

 问 那个电影怎么样？
Nà ge diànyǐng zěnmeyàng?

⑴ A 고모는 베이징에 안 계셔?

 B 맞아, 고모는 도쿄에서 일하셔서 지금 베이징에 안 계셔.

 질문 고모는 왜 베이징에 안 계시나요?

⑵ A 너 그 영화 보고 싶어?

 B 보고 싶지 않아. 그 영화 재미없다고 하더라.

 질문 그 영화는 어떤가요?

(3) A 你会说中文吗?
    Nǐ huì shuō Zhōngwén ma?

    B 我会说一点儿。
    Wǒ huì shuō yìdiǎnr.

    A 你学习中文多少天了?
    Nǐ xuéxí Zhōngwén duōshao tiān le?

    B 我学习中文50天了。
    Wǒ xuéxí Zhōngwén wǔshí tiān le.

    问 他学习中文多少天了?
    Tā xuéxí Zhōngwén duōshao tiān le?

(3) A 당신은 중국어 할 줄 알아요?

    B 조금 할 줄 알아요.

    A 중국어 배운 지 얼마나 됐어요?

    B 저는 중국어 배운 지 50일 됐어요.

    질문 그는 중국어를 배운 지 얼마나 되었나요?

(1) ③   (2) ②   (3) ③

4 (1) 一个人在家很无聊。 Yí ge rén zài jiā hěn wúliáo.

(2) 你们学校什么时候开学? Nǐmen xuéxiào shénme shíhou kāixué?

5

(1) 小星的妈妈和李阿姨一起去泰国了。 Xiǎo Xīng de māma hé Lǐ āyí yìqǐ qù Tàiguó le.	(1) 샤오씽의 어머니는 리 아주머니와 함께 태국에 가셨다.
(2) 小星的爸爸现在在东京工作。 Xiǎo Xīng de bàba xiànzài zài Dōngjīng gōngzuò.	(2) 샤오씽의 아버지는 지금 도쿄에서 일하고 계신다.
(3) 小星明天想去故宫。 Xiǎo Xīng míngtiān xiǎng qù Gùgōng.	(3) 샤오씽은 내일 꾸궁에 가고 싶어 한다.

6 想 xiǎng / 会 huì / 一起 yìqǐ / 因为 Yīnwèi / 所以 suǒyǐ

이번 주에 나는 베이징에 왔다. 나는 꾸궁과 798예술구에 가고 싶다. 티엔아이 언니가 운전할 줄 알고, 시간도 있으니 나와 함께 갈 수 있다고 했다. 까오페이 오빠도 우리와 함께 가고 싶어 했지만, 오빠는 다음 주에 베이징에 없다. 오빠는 상하이로 회의하러 가야 해서, 우리는 오빠와 같이 가지 못한다. 이번에 베이징에 와서 나는 매우 기쁘다.

▶ 10화

✔ 체크체크

① 今天晴天，明天阴天。 Jīntiān qíngtiān, míngtiān yīntiān.

② 明天有雾霾，后天有沙尘暴。 Míngtiān yǒu wùmái, hòutiān yǒu shāchénbào.

③ 韩国的春天很暖和。 Hánguó de chūntiān hěn nuǎnhuo.

1

(1) 这家商店的衣服特别好看！
Zhè jiā shāngdiàn de yīfu tèbié hǎokàn!

(2) 今天太热了！我不想出去。
Jīntiān tài rè le! Wǒ bù xiǎng chūqù.

(3) 今天不太冷，外面很暖和。
Jīntiān bú tài lěng, wàimiàn hěn nuǎnhuo.

(4) 我和小狗一起去散步。
Wǒ hé xiǎo gǒu yìqǐ qù sànbù.

(1) 이 상점의 옷은 너무 예뻐요!

(2) 오늘 너무 더워요! 나는 나가고 싶지 않아요.

(3) 오늘 별로 춥지 않아요. 밖은 꽤 따뜻해요.

(4) 나는 강아지와 함께 산책을 가요.

(1) ✕　　(2) ○　　(3) ✕　　(4) ○

2

(1) A 你的衣服特别漂亮！
Nǐ de yīfu tèbié piàoliang!

B 谢谢，这是在韩国买的。
Xièxie, zhè shì zài Hánguó mǎi de.

(2) A 北京下雨了吗？ Běijīng xià yǔ le ma?

B 北京没下雨，天气很好。
Běijīng méi xià yǔ, tiānqì hěn hǎo.

(1) A 너 옷이 정말 예쁘다!

B 고마워, 이건 한국에서 산 거야.

(2) A 베이징은 비가 오나요?

B 베이징에 비 안 왔어요. 날씨가 좋아요.

(1) ③　　(2) ①

3

(1) A 你那儿的天气怎么样？
Nǐ nàr de tiānqì zěnmeyàng?

B 不太好，有雾霾。
Bú tài hǎo, yǒu wùmái.

问 他那儿的天气怎么样？
Tā nàr de tiānqì zěnmeyàng?

(1) A 그곳의 날씨는 어때요?

B 별로 좋지 않아요. 미세먼지가 있거든요.

질문 그가 있는 곳의 날씨는 어떤가요?

(2) A 你们小区里有什么商店? Nǐmen xiǎoqū li yǒu shénme shāngdiàn?

B 我们小区里有水果商店，那儿的苹果真好吃。Wǒmen xiǎoqū li yǒu shuǐguǒ shāngdiàn, nàr de píngguǒ zhēn hǎochī.

问 他小区里有哪家商店? Tāmen xiǎoqū li yǒu nǎ jiā shāngdiàn?

(2) A 너희 동네에는 무슨 상점이 있어?

B 우리 동네에는 과일 가게가 있어. 거기 사과가 정말 맛있어.

질문 그의 동네에는 어떤 상점이 있나요?

(3) A 喂，你去哪儿了? Wéi, nǐ qù nǎr le?

B 我和姐姐一起来泰国旅游了。Wǒ hé jiějie yìqǐ lái Tàiguó lǚyóu le.

A 泰国的天气怎么样? Tàiguó de tiānqì zěnmeyàng?

B 泰国天气很好，但是有点儿热。Tàiguó de tiānqì hěn hǎo, dànshì yǒudiǎnr rè.

问 泰国的天气怎么样? Tàiguó de tiānqì zěnmeyàng?

(3) A 여보세요, 너 어디 갔어?

B 나 언니랑 태국에 여행 왔어.

A 태국의 날씨는 어때?

B 태국 날씨 좋은데, 다만 조금 더워.

질문 태국의 날씨는 어떤가요?

(1) ①   (2) ②   (3) ②

4

(1) 당신은 베이징에서 며칠 있을 건가요?	A 예쁜데 너무 비싸네요. 좀 깎아줄 수 있나요?
(2) 너 괜찮아?	B 나 좀 아파.
(3) 오늘 날씨는 어때요?	C 오늘 밖이 추우니, 옷을 두텁게 껴입어요.
(4) 이 바지는 어때요?	D 저는 한 달 머물려고 해요.
(5) 너는 언제 개학해?	E 나는 9월 10일에 개학해.

(1) D   (2) B   (3) C   (4) A

(5) E

5

(1) 泰国的天气太热了。 Tàiguó de tiānqì tài rè le.	(1) 태국의 날씨는 매우 덥다.
(2) 东京的天气不冷不热。 Dōngjīng de tiānqì bù lěng bú rè.	(2) 도쿄의 날씨는 덥지도 않고 춥지도 않다.
(3) 小星爸爸的工作不太忙。 Xiǎo Xīng Bàba de gōngzuò bú tài máng.	(3) 샤오씽의 아버지는 일이 별로 바쁘지 않다.
(4) 高飞和饼干一起去散步了。 Gāo Fēi hé Bǐnggān yìqǐ qù sànbù le.	(4) 까오페이는 빙깐과 함께 산책을 갔다.

▶ 256

▶ 11화

✓체크체크

① 我去超市买了很多东西。 나는 슈퍼에 가서 물건을 많이 샀다.
　Wǒ qù chāoshì mǎi le hěn duō dōngxi.

② 刘老师见了四个学生。 리우 선생님은 네 명의 학생들을 보았다.
　Liú lǎoshī jiàn le sì ge xuésheng.

③ 我们昨天没看电影。 우리는 어제 영화를 못 봤다.
　Wǒmen zuótiān méi kàn diànyǐng.

1 녹음대본

(1) 我买了不少水果，在桌子旁边。
　Wǒ mǎi le bù shǎo shuǐguǒ, zài zhuōzi pángbiān.

(2) 姐姐不让妹妹玩儿手机，她让妹妹多看书。 Jiějie bú ràng mèimei wánr shǒujī, tā ràng mèimei duō kàn shū.

(1) 나는 과일을 많이 샀어요. 탁자 옆에 있어요.

(2) 언니는 여동생에게 핸드폰을 하지 말고, 책을 많이 보라고 한다.

(1) ✕　　　　　　(2) ○

2 녹음대본

(1) A 我想去外面玩儿。
　　　Wǒ xiǎng qù wàimiàn wánr.

　　B 妈妈不让我们出去，因为今天天气不好。 Māma bú ràng wǒmen chūqù, yīnwèi jīntiān tiānqì bù hǎo.

(2) A 我今天不想做饭。
　　　Wǒ jīntiān bù xiǎng zuò fàn.

　　B 那我们点外卖吧！
　　　Nà wǒmen diǎn wàimài ba.

(3) A 妈，我回来了！ Mā, wǒ huílái le!

　　B 你上午去哪儿了？
　　　Nǐ shàngwǔ qù nǎr le?

　　A 我去超市买了很多甜点，那里的甜点很好吃。 Wǒ qù chāoshì mǎi le hěn duō tiándiǎn, nàlǐ de tiándiǎn hěn hǎochī.

(1) A 나 밖에 나가서 놀고 싶어.

　　B 엄마가 우리에게 나가지 말라고 하셨어. 왜냐하면 오늘 날씨가 안 좋거든.

(2) A 나 오늘 밥 하기 싫어.

　　B 그럼 우리 배달 음식 주문하자!

(3) A 엄마, 저 왔어요!

　　B 너 오전에 어디 다녀왔니?

　　A 저 슈퍼마켓에 가서 디저트를 많이 사왔어요. 거기 디저트가 맛있거든요.

(1) ③　　　　　　(2) ①　　　　　　(3) ③

3

(1) A 听说，你昨天见了王老师，他身体好吗？ Tīngshuō, nǐ zuótiān jiàn le Wáng lǎoshī, tā shēntǐ hǎo ma?

B 他身体不好，他今天也没去学校。 Tā shēntǐ bù hǎo, tā jīntiān yě méi qù xuéxiào.

(2) A 小星，你今天有时间吗？ Xiǎo Xīng, nǐ jīntiān yǒu shíjiān ma?

B 今天我没有时间，因为爸爸让我早点回家。 Jīntiān wǒ méiyǒu shíjiān, yīnwèi bàba ràng wǒ zǎo diǎn huíjiā.

(3) A 我想买些水果，我们去超市吧。 Wǒ xiǎng mǎi xiē shuǐguǒ, wǒmen qù chāoshì ba.

B 我今天没吃早饭，我想吃东西。 Wǒ jīntiān méi chī zǎofàn, wǒ xiǎng chī dōngxi.

A 好的。那我们吃了饭再买吧。 Hǎo de. Nà wǒmen chī le fàn zài mǎi ba.

(1) A 너 어제 왕 선생님 만났다며, 선생님은 건강하시니?

B 건강이 안 좋으셔. 오늘도 학교에 못 오셨어.

(2) A 샤오씽, 너 오늘 시간 있어?

B 오늘 나 시간 없어. 아빠가 나한테 집에 일찍 들어오라고 하셨거든.

(3) A 과일을 좀 사고 싶은데, 우리 슈퍼마켓에 가자.

B 나 오늘 아침밥을 안 먹어서, 뭐 좀 먹고 싶어.

A 알았어. 그럼 우리 밥 먹고 나서 사자.

(1) ③　　　　　(2) ②　　　　　(3) ③

4

(1) 爸爸不让我看电视。 Bàba bú ràng wǒ kàn diànshì.

(2) 我妹妹买了三件衣服。 Wǒ mèimei mǎi le sān jiàn yīfu.

5

(1) 他买了不少菜。 Tā mǎi le bù shǎo cài.

(1) 그는 채소를 많이 샀다.

(2) 她中午开会。 Tā zhōngwǔ kāihuì.

(2) 그녀는 점심에 회의를 한다.

(3) 他们中午点外卖。 Tāmen zhōngwǔ diǎn wàimài.

(3) 그들은 점심에 배달 음식을 주문한다.

(4) 饼干在桌子下面了。 Bǐnggān zài zhuōzi xiàmiàn le.

(4) 빙깐은 탁자 밑에 있다.

6

(1) 高飞今天上午去超市了。 Gāo Fēi jīntiān shàngwǔ qù chāoshì le.

(1) 까오페이는 오늘 아침에 슈퍼마켓에 갔다.

(2) 他去水果店买了一些苹果。 Tā qù shuǐguǒdiàn mǎi le yìxiē píngguǒ.

(2) 그는 과일 가게에 가서 사과를 좀 샀다.

(3) 他一边走路，一边看了红叶。
Tā yìbiān zǒu lù, yìbiān kàn le hóngyè.

(3) 그는 걸으면서 단풍잎을 봤다.

　　오늘은 주말이고, 나는 티엔아이에게 우리 집으로 와서 밥을 먹자고 하고 싶어서, 오전에 슈퍼마켓에 가서 채소를 많이 샀다. 슈퍼마켓 뒤에는 과일 가게가 하나 있는데, 나는 거기 가서 사과를 좀 샀다. 오늘 날씨가 정말 좋다. 나뭇잎이 모두 붉게 물들었다. 걸으면서 단풍잎을 보니 기분이 정말 좋다.

▶ 12화

1

(1) 你看见我的手机了没? 我的手机不见了。
Nǐ kànjiàn wǒ de shǒujī le méi? Wǒ de shǒujī bú jiàn le.

(1) 너 내 핸드폰 봤어? 내 핸드폰이 없어졌어.

(2) 这些题，我没看懂。
Zhè xiē tí, wǒ méi kàndǒng.

(2) 이 문제들을 나는 이해하지 못하겠어요.

(1) ✕　　　　　　　　(2) ○

2

(1) A 你做完作业了吗?
Nǐ zuòwán zuòyè le ma?

B 我已经做完作业了。
Wǒ yǐjīng zuòwán zuòyè le.

(1) A 숙제는 다 했니?

B 저 이미 숙제 다 했어요.

(2) A 你们看见李老师了吗?
Nǐmen kànjiàn Lǐ lǎoshī le ma?

B 我看见她了，但是她已经下班了。
Wǒ kànjiàn tā le, dànshì tā yǐjīng xiàbān le.

(2) A 너희들 리 선생님 봤니?

B 저 봤어요. 그런데 선생님 벌써 퇴근하셨어요.

(3) A 昨天晚上你是几点下班的?
Zuótiān wǎnshang nǐ shì jǐ diǎn xiàbān de?

B 昨天晚上我是七点下班的。
Zuótiān wǎnshang wǒ shì qī diǎn xiàbān de.

A 下班后你做什么了?
Xiàbān hòu nǐ zuò shénme le?

B 下班后我去运动了。
Xiàbān hòu wǒ qù yùndòng le.

(3) A 어제저녁에 너는 몇 시에 퇴근했어?

B 어제저녁 나는 7시에 퇴근했어.

A 퇴근 후에는 뭐 했어?

B 퇴근 후에 나는 운동하러 갔어.

(1) ①　　　　　　　　(2) ②　　　　　　　　(3) ②

3 (1) 他已经吃完饭了。　Tā yǐjīng chīwán fàn le.

(2) 你听懂了他的话吗？ / 他的话，你听懂了吗？
Nǐ tīngdǒng le tā de huà ma? / Tā de huà, nǐ tīngdǒng le ma?

4

(1) 我听见她在说话，但是我没看见她。 Wǒ tīngjiàn tā zài shuōhuà, dànshì wǒ méi kànjiàn tā.	(1) 나는 그녀가 말하는 걸 들었지만, 그녀를 보지는 못했어요.
(2) 我终于找到工作了！太高兴了！ Wǒ zhōngyú zhǎodào gōngzuò le! Tài gāoxìng le!	(2) 나 드디어 직장을 구했어. 너무 기뻐!
(3) 他说的中文，你听懂了吗？ Tā shuō de Zhōngwén, nǐ tīngdǒng le ma?	(3) 그가 말하는 중국어를 당신은 알아들었어요?
(4) 你做完作业以后，去玩儿手机吧。 Nǐ zuòwán zuòyè yǐhòu, qù wánr shǒujī ba.	(4) 숙제를 끝낸 후에 핸드폰을 해라.

5

(1) 오늘 날씨가 너무 추워서, 밥 먹으러 밖에 나가고 싶지 않아.	A 이 책 너무 어려워서 이해를 못 하겠어.
(2) 오늘 나는 중요한 회의가 있어요.	B 나 서점 가야 해. 선생님이 중국어 사전을 한 권 사 오라고 하셨어.
(3) 너는 밥 다 먹고 뭐 할 거야?	C 그럼 우리 배달 음식 주문하자.
(4) 너는 벌써 회사에 도착했어?	D 언제 회의해요?
(5) 네가 어제 산 책 어때?	E 응, 너 어디야? 나 너 못 봤는데.

(1) C　　　　　　　(2) D　　　　　　　(3) B　　　　　　　(4) E
(5) A

6

(1) 李雨的电脑不见了。 Lǐ Yǔ de diànnǎo bú jiàn le.	(1) 리위의 컴퓨터가 없어졌다.
(2) 下班后没有人来公司。 Xiàbān hòu méiyǒu rén lái gōngsī.	(2) 퇴근 후에 아무도 회사에 오지 않았다.
(3) 昨天晚上他在听音乐。 Zuótiān wǎnshang tā zài tīng yīnyuè.	(3) 어제저녁 그는 음악을 듣고 있었다.
(4) 昨天晚上他在睡觉。 Zuótiān wǎnshang tā zài shuìjiào.	(4) 어제저녁 그는 잠을 자고 있었다.

▶ 13화

✓ 체크체크

① 你见过王老师没有？ 당신은 왕 선생님을 만난 적 있나요?
　 Nǐ jiànguo Wáng lǎoshī méiyǒu?

② 我没喝过这瓶运动饮料。 나는 이 이온 음료를 마셔 본 적 없어요.
　 Wǒ méi hēguo zhè píng yùndòng yǐnliào.

③ 我还没去过美国。 나는 아직 미국에 가 본 적 없어요.
　 Wǒ hái méi qùguo Měiguó.

✓ 체크체크

① 我们要等多长时间/多久？
　 Wǒmen yào děng duōcháng shíjiān / duōjiǔ?

② A 你们等了她多长时间/多久？
　　 Nǐmen děng le tā duōcháng shíjiān / duōjiǔ?

　 B 我们等了她一个半小时。
　　 Wǒmen děng le tā yí ge bàn xiǎoshí.

③ 我有二十多本英文书。 　Wǒ yǒu èrshí duō běn Yīngwén shū.

1　

(1) 我最喜欢打网球。
　　 Wǒ zuì xǐhuan dǎ wǎngqiú.

(2) 最近公司太忙了。
　　 Zuìjìn gōngsī tài máng le.

(1) 저는 테니스 치는 걸 가장 좋아해요.

(2) 요즘 회사가 너무 바빠요.

(1) ○　　　　　　　(2) ✕

2

(1) A 你要不要喝一杯咖啡？
　　　 Nǐ yào bu yào hē yì bēi kāfēi?

　 B 不要了，谢谢！　Bú yào le, xièxie!

(2) A 现在几点了？　Xiànzài jǐ diǎn le?

　 B 现在七点多了，我们回家吧。
　　　 Xiànzài qī diǎn duō le, wǒmen huíjiā
　　　 ba.

(3) A 你最喜欢什么运动？
　　　 Nǐ zuì xǐhuan shénme yùndòng?

　 B 我最喜欢游泳。
　　　 Wǒ zuì xǐhuan yóuyǒng.

(1) A 커피 한 잔 드실래요?

　 B 괜찮아요, 감사합니다!

(2) A 지금 몇 시 됐어?

　 B 지금 7시 넘었어. 우리 집에 가자.

(3) A 너는 무슨 운동을 제일 좋아해?

　 B 나는 수영을 제일 좋아해.

(1) ①　　　　　　(2) ③　　　　　　(3) ②

3

(1) A 你多长时间打一次网球?
　　Nǐ duōcháng shíjiān dǎ yí cì wǎngqiú?

B 我最近有点儿忙，我两个月打一次。
　Wǒ zuìjìn yǒudiǎnr máng, wǒ liǎng ge yuè dǎ yí cì.

A 你打网球多久了?
　Nǐ dǎ wǎngqiú duō jiǔ le?

B 两年多了。Liǎng nián duō le.

(2) A 你今天睡了几个小时?
　　Nǐ jīntiān shuì le jǐ ge xiǎoshí?

B 我今天睡了八个小时。
　Wǒ jīntiān shuì le bā ge xiǎoshí.

A 你平时几点起床?
　Nǐ píngshí jǐ diǎn qǐ chuáng?

B 我平时晚上十一点睡觉，早上七点起床。
　Wǒ píngshí wǎnshang shíyī diǎn shuìjiào, zǎoshang qī diǎn qǐ chuáng.

(3) A 你学过中文吗?
　　Nǐ xuéguo Zhōngwén ma?

B 我学过中文。我在北京住了两年多。
　Wǒ xuéguo Zhōngwén. Wǒ zài Běijīng zhù le liǎng nián duō.

A 那你是不是有很多中国朋友?
　Nà nǐ shì bu shì yǒu hěn duō Zhōngguó péngyou?

B 是啊! 我有很多中国朋友。
　Shì a! Wǒ yǒu hěn duō Zhōngguó péngyou.

(1) A 테니스 얼마에 한 번 쳐요?

B 제가 요즘엔 조금 바빠서, 두 달에 한 번 쳐요.

A 테니스 친 지 얼마나 됐어요?

B 2년 넘었어요.

(2) A 너는 오늘 몇 시간 잤어?

B 나는 오늘 8시간 잤어.

A 너는 평소에 몇 시에 일어나?

B 나는 평소에 밤 11시에 자서, 아침 7시에 일어나.

(3) A 너는 중국어를 배운 적이 있니?

B 중국어를 배운 적 있어. 나는 베이징에서 2년 넘게 살았어.

A 그럼 너는 중국 친구들이 많겠구나?

B 맞아! 나는 중국 친구들이 많아.

(1) ③　　　　　(2) ①　　　　　(3) ③

4 (1) 我去过两次北京，那儿的天气真好。Wǒ qùguo liǎng cì Běijīng, nàr de tiānqì zhēn hǎo.

(2) 你多长时间爬一次山? Nǐ duōcháng shíjiān pá yí cì shān?

5

(1) 他喝过运动饮料。
Tā hēguo yùndòng yǐnliào.

(2) 她一个月打一次。Tā yí ge yuè dǎ yí cì.

(3) 他每周都打。Tā měi zhōu dōu dǎ.

(4) 两年多了。Liǎng nián duō le.

(1) 그는 이온 음료를 마셔 본 적 있다.

(2) 그녀는 한 달에 한 번 친다.

(3) 그는 매주 친다.

(4) 2년 넘었다.

6

A 你最喜欢什么运动?
Nǐ zuì xǐhuan shénme yùndòng?

B 我最喜欢打篮球和击剑。你呢?
Wǒ zuì xǐhuan dǎ lánqiú hé jījiàn. Nǐ ne?

A 我最喜欢跑步和游泳。以前,我是跑步运动员。
Wǒ zuì xǐhuan pǎobù hé yóuyǒng. Yǐqián, wǒ shì pǎobù yùndòngyuán.

B 真的吗? 以后要不要一起跑步?
Zhēn de ma? Yǐhòu yào bu yào yìqǐ pǎobù?

A 好啊。你去过颐和园吗?
Hǎo a. Nǐ qùguo Yíhéyuán ma?

早上六点多那儿的风景很好看。
Zǎoshang liù diǎn duō nàr de fēngjǐng hěn hǎokàn.

B 我没去过,我们明天一起去吧!
Wǒ méi qùguo, wǒmen míngtiān yìqǐ qù ba!

A 무슨 운동을 제일 좋아해요?

B 저는 농구랑 펜싱을 제일 좋아해요. 당신은요?

A 저는 달리기와 수영을 제일 좋아해요. 예전에 저는 육상선수였어요.

B 나중에 같이 달리는 거 어때요?

A 좋아요. 이허위안에 가 봤어요? 아침 6시 지나서 거기 풍경이 정말 예뻐요.

B 저 안 가 봤어요. 우리 내일 같이 가요!

▶ 14화

✓ 체크체크

① 今天比昨天(更/还)冷。 오늘은 어제보다 더 추워요.
Jīntiān bǐ zuótiān (gèng/hái) lěng.

② 这个桌子没有那个桌子大。 이 책상은 저 책상보다 크지 않아요.
Zhè ge zhuōzi méiyǒu nà ge zhuōzi dà.

③ 你的房间比我的房间漂亮。 네 방은 내 방보다 예뻐.
Nǐ de fángjiān bǐ wǒ de fángjiān piàoliang.

1

(1) A 姐，红色的裙子比蓝色的好看吗？
　　Jiě, hóngsè de qúnzi bǐ lánsè de hǎokàn ma?

B 对，红色的更好看。
　Duì, hóngsè de gèng hǎokàn.

A 好！那我买红色的吧。
　Hǎo! Nà wǒ mǎi hóngsè de ba.

问 她买了什么颜色的裙子？
　Tā mǎi le shénme yánsè de qúnzi?

(2) A 你好，你要哪个水果？
　　Nǐ hǎo, nǐ yào nǎ ge shuǐguǒ?

B 这个葡萄多少钱？
　Zhè ge pútáo duōshao qián?

A 这是国产的，十块五一斤。
　Zhè shì guóchǎn de, shí kuài wǔ yì jīn.

B 我要两斤，谢谢。
　Wǒ yào liǎng jīn, xièxie.

问 她一共买了多少钱？
　Tā yígòng mǎi le duōshao qián?

(1) A 언니, 빨간색 치마가 파란색 치마보다 예뻐?

B 응, 빨간색이 더 예뻐.

A 알았어! 그럼 나 빨간색 살게.

질문 그녀는 어떤 색의 치마를 샀나요?

(2) A 안녕하세요, 어떤 과일을 드릴까요?

B 이 포도는 얼마예요?

A 이건 국산인데, 한 근에 10.5위안이에요.

B 두 근 주세요. 감사합니다.

질문 그녀는 총 얼마치를 샀나요?

(1) ②　　　　　(2) ③

2

(1) 北京比上海冷。　Běijīng bǐ Shànghǎi lěng.

(2) 葡萄比苹果贵二十块钱。　Pútáo bǐ píngguǒ guì èrshí kuài qián.

(3) 我没有我哥哥高。　Wǒ méiyǒu wǒ gēge gāo.

(4) 她的衣服跟我的一样。　Tā de yīfu gēn wǒ de yíyàng.

3

A 一共多少钱？ Yígòng duōshao qián?

B 一百零五块钱，怎么支付？微信和支付宝都可以。Yìbǎilíngwǔ kuài qián, zěnme zhīfù? Wēixìn hé Zhīfùbǎo dōu kěyǐ.

A 支付宝吧！ Zhīfùbǎo ba!

B 给你们二维码。 Gěi nǐmen èrwéimǎ.

A 支付了，您看一下。
　Zhīfù le, nín kàn yíxià.

A 총 얼마인가요?

B 105위안이요, 어떻게 계산하실 건가요? 웨이신과 즈푸바오 모두 가능해요.

A 즈푸바오로 할게요!

B QR코드 드릴게요.

A 지불했어요. 보세요.

B 收到了！给你们西瓜。有点儿重，您拿好。
Shōudào le! Gěi nǐmen xīguā. Yǒudiǎnr zhòng, nín náhǎo.

A 谢谢！Xièxie

B 不客气。Bú kèqi.

B 받았습니다! 수박 드릴게요. 조금 무거우니, 잘 받으세요.

A 감사합니다!

B 천만에요.

4

(1) 国产的西瓜四块钱一斤。
Guóchǎn de xīguā sì kuài qián yì jīn.

(2) 国产的西瓜比进口的西瓜更贵。
Guóchǎn de xīguā bǐ jìnkǒu de xīguā gèng guì.

(3) 进口的西瓜打9折。
Jìnkǒu de xīguā dǎ jiǔ zhé.

(4) 他们一共买了二十八块钱的西瓜。
Tāmen yígòng mǎi le èrshíbā kuài qián de xīguā.

(1) 국산 수박은 한 근에 4위안이다.

(2) 국산 수박이 수입산 수박보다 더 비싸다.

(3) 수입산 수박은 10% 할인한다.

(4) 그들은 총 28위안의 수박을 구매했다.

▶ 15화

1

(1) **A** 哥，妈妈在哪儿？
Gē, māma zài nǎr?

B 她去洗手间了。Tā qù xǐshǒujiān le.

A 我新买的手表在哪儿？你知道吗？
Wǒ xīn mǎi de shǒubiǎo zài nǎr? Nǐ zhīdào ma?

B 我不知道。你去房间找找吧。
Wǒ bù zhīdào. Nǐ qù fángjiān zhǎozhao ba.

(2) **A** 我听说明天会下雨。
Wǒ tīngshuō míngtiān huì xià yǔ.

B 不要下雨！我明天要去爬山。
Bú yào xià yǔ! Wǒ míngtiān yào qù pá shān.

A 你可能不能去爬山了。
Nǐ kěnéng bù néng qù pá shān le.

(1) **A** 오빠, 엄마 어디 계셔?

B 엄마 화장실 가셨어.

A 내가 새로 산 손목시계 어디 있지? 오빠 알아?

B 난 몰라. 방에 가서 찾아봐.

(2) **A** 듣자 하니 내일 비 온다는데.

B 비 오지 마라! 나 내일 등산 가야 해.

A 너 아마 등산 갈 수 없을 것 같아.

(1) ③   (2) ①

2

녹음대본

A 不好意思，我手机关着，没能接电话。
Bù hǎoyìsi, wǒ shǒujī guānzhe, méi néng jiē diànhuà.

B 我们再等等他吧。
Wǒmen zài děngdeng tā ba.

C 妈妈穿着一条黑裤子。
Māma chuānzhe yì tiáo hēi kùzi.

D 你看，电视开着呢。
Nǐ kàn, diànshì kāizhe ne.

A 미안해요. 제 핸드폰이 꺼져 있어서, 전화를 못 받았어요.

B 우리 그를 좀 더 기다리자.

C 어머니는 검은색 바지를 입고 계신다.

D 봐, 텔레비전이 켜져 있잖아.

(1) A   (2) D   (3) C   (4) B

3

(1) 你今天太累了，快休息休息吧。
Nǐ jīntiān tài lèi le, kuài xiūxi xiūxi ba.

(2) 我给大家介绍介绍新同事吧。
Wǒ gěi dàjiā jièshào jièshào xīn tóngshì ba.

(3) 你看看，那儿有地铁站。
Nǐ kànkan, nàr yǒu dìtiě zhàn.

(1) 너 오늘 너무 피곤하니 어서 좀 쉬어.

(2) 제가 여러분께 새로운 동료를 소개할게요.

(3) 보세요, 저기에 지하철역이 있어요.

4

(1) 因为路上车太多了。
Yīnwèi lù shang chē tài duō le.

(2) 他让李雨去看看博物馆的新文件是什么。
Tā ràng Lǐ Yǔ qù kànkan bówùguǎn de xīn wénjiàn shì shénme.

(1) 도로에 차가 너무 많았기 때문이다.

(2) 그는 리위에게 박물관의 새로운 문서가 무엇인지 가서 보라고 했다.

찐쭝밍   리위, 왔군요！

리위   사장님 오셨어요?

찐쭝밍   당신 뒤에 계세요.

사장   리위, 몇 시인지 좀 보겠어요?

리위   아마 10시 넘었을 거예요. 죄송합니다. 도로에 차가 너무 많아서 늦었습니다.

사장   앞으로 지하철 타세요. 박물관의 새로운 문서가 무엇인지 가서 보세요.

리위   알겠습니다. 장 대표님.

5

(1) 电话是博物馆打的。
Diànhuà shì bówùguǎn dǎ de.

(1) 전화는 박물관에서 건 것이다.

(2) 这个月博物馆有新到的画。
zhè ge yuè bówùguǎn yǒu xīn dào de huà.

(2) 이번 달에 박물관에 새로 도착한 그림이 있다.

(3) 李大力在找他的手表。
Lǐ Dàlì zài zhǎo tā de shǒubiǎo.

(3) 리따리는 그의 시계를 찾고 있다.

(4) 今天他没看见李大力的手表。
Jīntiān tā méi kànjiàn Lǐ Dàlì de shǒubiǎo.

(4) 오늘 그는 리따리의 시계를 못 봤다.

▶ 16화

1

녹음대본

(1) 我不能吃鱼，我对鱼过敏。 Wǒ bù néng chī yú, wǒ duì yú guòmǐn.

(1) 저는 생선을 못 먹어요. 생선 알레르기가 있어요.

(2) 这个青菜很好吃!
zhè ge qīngcài hěn hǎochī!

(2) 이 청경채 맛있어요!

(3) 李总现在不在公司，他可能出差了。
Lǐ zǒng xiànzài bú zài gōngsī, tā kěnéng chūchāi le.

(3) 리 사장님은 지금 회사에 안 계세요. 아마 출장 가셨을 거예요.

(4) 我去阳台看看!
Wǒ qù yángtái kànkan!

(4) 내가 베란다 가서 볼게!

(1) ✕   (2) ○   (3) ○   (4) ✕

2

녹음대본

(1) A 你怎么不去她家呢?
Nǐ zěnme bú qù tā jiā ne?

B 李老师家里有小猫，我对猫毛过敏。
Lǐ lǎoshī jiā li yǒu xiǎo māo, wǒ duì māo máo guòmǐn.

问 她怎么了? Tā zěnme le?

(1) A 너는 왜 그녀의 집에 안 가니?

B 리 선생님 집에 고양이가 있는데, 내가 고양이 털 알레르기가 있거든.

질문 그녀는 왜 그런가요?

(2) A 你好，来一杯冰美式吧。
Nǐ hǎo, lái yì bēi bīng měishì ba.

B 您要大杯还是小杯?
Nín yào dà bēi háishi xiǎo bēi?

A 我要大杯，谢谢。
Wǒ yào dà bēi, xièxie.

(2) A 안녕하세요. 아이스 아메리카노 한 잔 주세요.

B 큰 컵으로 드릴까요, 작은 컵으로 드릴까요?

A 큰 컵이요. 감사합니다.

B 천만에요. 총 24위안입니다.

질문 그녀는 무엇을 사려고 하나요?

B 不客气，一共二十四块钱。
Bú kèqi, yígòng èrshí sì kuài qián.

问 她要买什么？ Tā yào mǎi shénme?

(1) ②　　　　　　(2) ③

3

(1) **A** 还是 háishi

　　B 对 duì

(2) **A** 怎么样 zěnmeyàng

　　B 不错 búcuò

(3) **A** 怎么 zěnme

(4) **A** 已经 yǐjīng

　　B 还 hái

(1) **A** 너는 강아지를 좋아해, 고양이를 좋아해?

　　B 고양이를 좋아해. 그런데 나는 고양이 털 알레르기가 있어.

(2) **A** 오늘 날씨 어때요?

　　B 아주 좋아요. 우리 밖에 나가서 좀 걸어요.

(3) **A** 이 한자 어떻게 읽어?

　　B 나도 몰라, 우리 선생님께 물어보자.

(4) **A** 나 요즘 살이 많이 쪘어. 지금 벌써 80kg이야.

　　B 너는 아직 자랄 때니까, 많이 먹어야 해.

4

(1) 他们点外卖吃。
Tāmen diǎn wàimài chī.

(2) 小星喜欢吃鱼。
Xiǎo Xīng xǐhuan chī yú.

(3) 他们点了红烧鱼和青菜。
Tāmen diǎn le Hóngshāoyú hé qīngcài.

(1) 그들은 배달 음식을 주문해서 먹는다.

(2) 샤오씽은 생선을 좋아한다.

(3) 그들은 홍샤오위와 청경채를 시켰다.

샤오씽	오빠, 집에 계란 있어? 나 배고파!
까오페이	계란 다 떨어졌어. 내가 배달 음식을 주문할게.
샤오씽	알았어!
까오페이	너 고기 먹고 싶어, 생선 먹고 싶어?
샤오씽	나 생선 엄청 좋아해. 매일 생선 먹고 싶어.
까오페이	그럼 홍샤오위 하나 시키고, 또 뭐 먹고 싶어?
샤오씽	청경채 하나 시키자!

5

(1) 他对鱼过敏。 Tā duì yú guòmǐn.	(1) 그는 생선 알레르기가 있다.
(2) 她已经五十公斤了。 Tā yǐjīng wǔ shí gōngjīn le.	(2) 그녀는 벌써 50kg이 되었다.
(3) 她在阳台看见她家的灯亮了。 Tā zài yángtái kànjiàn tā jiā de dēng liàng le.	(3) 그녀는 베란다에서 그녀의 집에 불이 켜진 것을 보았다.

▶ 17화

✓체크체크

① 大家好好儿准备考试。 Dàjiā hǎohāor zhǔnbèi kǎoshì. 모두 열심히 시험을 준비한다.

② 我今天午饭吃得很少。 Wǒ Jīntiān wǔfàn chī de hěn shǎo. 나는 오늘 점심을 적게 먹었어요.

③ 她唱得不好。 Tā chàng de bù hǎo. 그녀는 노래를 못 불러요.

④ 你中文说得真不错。 Nǐ Zhōngwén shuō de zhēn búcuò. 너 중국어 정말 잘한다.

1

A 别着急，你慢慢儿吃。 Bié zháojí, nǐ mànmānr chī.	A 서두르지 말고, 천천히 먹으렴.
B 我要去机场接客户。 Wǒ yào qù jīchǎng jiē gùkè.	B 나는 고객을 맞이하러 공항에 가야 해요.
C 今天的中文课就到这里。大家辛苦了! Jīntiān de Zhōngwén kè jiù dào zhèlǐ. Dàjiā xīnkǔ le!	C 오늘 중국어 수업은 여기까지입니다. 모두 수고했어요!
D 下雪了，开得慢一点儿，别开得太快。 Xià xuě le, kāi de màn yìdiǎnr, bié kāi de tài kuài.	D 눈이 오니, 천천히 운전해요. 너무 빨리 운전하지 마세요.

(1) B   (2) D   (3) A   (4) C

2

(1) A 大力，这次考试你准备得怎么样? Dàlì, zhè cì kǎoshì nǐ zhǔnbèi de zěnmeyàng? B 准备得不好。Zhǔnbèi de bù hǎo. A 听说，这次考试比上次的更难，要好好儿准备。Tīngshuō, zhè cì kǎoshì bǐ shàngcì de gèng nán, yào hǎohāor zhǔnbèi.	(1) A 따리, 이번 시험 준비는 잘 되어가? B 준비를 잘 못했어. A 듣자 하니, 이번 시험이 저번보다 더 어렵다고 하던데, 잘 준비해야 해. B 알았어, 우리 서로 도와주자. A 좋아!

B 好的，我们互相帮助吧。
Hǎo de, wǒmen hùxiāng bāngzhù ba.

A 好！Hǎo!

(2) **A** 你中文说得特别好！
Nǐ Zhōngwén shuō de tèbié hǎo!

B 没有没有，我说得一般。
Méiyǒu méiyǒu, wǒ shuō de yìbān.

A 你学中文学了多久？
Nǐ xué Zhōngwén xué le duōjiǔ?

B 我学中文学了两年多了。
Wǒ xué Zhōngwén xué le liǎng nián duō le.

(2) **A** 너 중국어 정말 잘한다!

B 아니야, 그냥 보통이야.

A 너 중국어 얼마나 공부했어?

B 나 중국어 2년 넘게 공부했어.

(1) ②   (2) ②

3

A 리위, 한국 바이어 도착했어요?

B 아직 그를 못 봤어요. 그는 키가 큰가요?

A 그는 키가 아주 커요. 키가 크고, 피부가 하얗고, 꽤 잘생겼어요.

B 그가 오늘 무슨 옷을 입고 있는지 알아요?

A 그의 동료가 그러는데, 그는 파란색 옷을 입고, 검정색 모자를 쓰고 있대요.

B 그를 봤어요. 고마워요!

4 (1) **李雨觉得他的中文说得非常好。** 리위는 그가 중국어를 매우 잘한다고 생각한다.
Lǐ Yǔ juéde tā de Zhōngwén shuō de fēicháng hǎo.

(2) 전화로 우리 회사를 소개해 드리겠습니다.

왕 사장님, 안녕하세요!

중국에서 계셨던 요 두 달 동안 잘 지내셨나요?

지난번 사장님을 뵙고, 사장님께서 중국어를 정말 잘하신다고 생각했습니다. 저도 한국어를 잘 배우고 싶습니다.

사장님께서 저희 회사에 관심이 있으시다고 들었습니다.

제가 사장님께 전화를 드려 저희 회사에 대해 잘 소개해 드리고 싶습니다.

즐거운 주말 보내시길 바랍니다!

리위

5

(1) 他们在公司学了韩语。
Tāmen zài gōngsī xué le Hányǔ.

(1) 그들은 회사에서 한국어를 배웠다.

(2) 李雨考试准备得不好。
Lǐ Yǔ kǎoshì zhǔnbèi de bù hǎo.

(2) 리위는 시험 준비를 잘 못했다.

(3) 韩国客户下午四点到机场。
Hánguó kèhù xiàwǔ sì diǎn dào jīchǎng.

(3) 한국 바이어는 오후 네 시에 공항에 도착한다.

(4) 金中明 / 金中明对韩国客户很了解。
Jīn Zhōngmíng / Jīn Zhōngmíngduì Hánguó kèhù hěn liǎojiě.

(4) 찐쭝밍 / 찐쭝밍이 한국 바이어에 대해 잘 알고 있다.

▶ 18화

✔체크체크

① 她把礼物送给老师。Tā bǎ lǐwù sònggěi lǎoshī. 그녀는 선물을 선생님께 드렸다.

② 我把这本书放在桌子上。Wǒ bǎ zhè běn shū fàngzài zhuōzi shang. 나는 이 책을 책상 위에 놓았다.

③ 我把铅笔和身份证都带来了。Wǒ bǎ qiānbǐ hé shēnfènzhèng dōu dàilái le. 나는 연필과 신분증을 모두 가져왔다.

1

녹음대본

	린티엔아이	局长，我可以进来吗？	린티엔아이 국장님, 들어가도 될까요?
	국장	小林，进来吧。有没有找到文件？	국장 샤오린, 들어오게나. 문서는 찾았나?
	린티엔아이	文件找到了。	린티엔아이 문서를 찾았습니다.
	국장	他们是怎么拿到这些文物的？	국장 그들은 이 유물들을 어떻게 손에 넣게 된 거지?
	린티엔아이	展览的时候，他们经常把文物换了假的。	린티엔아이 전시할 때, 그들은 자주 유물을 가짜로 바꿨어요.

那他们怎么把文物送到国外?

린티엔아이 高飞公司有进出口的船。

국장 그럼 그들은 어떻게 유물을 외국으로 보 낸 건가?

린티엔아이 까오페이의 회사에 수출입하는 배가 있 습니다.

2

(1) A 小林，你看到我的文件了吗?
　　Xiǎo Lín, nǐ kàndào wǒ de wénjiàn le ma?

B 我把你的文件放在桌子上了。你好 好儿找找。
　Wǒ bǎ nǐ de wénjiàn fàngzài zhuōzi shang le. Nǐ hǎohāor zhǎozhao.

A 我找到了! 谢谢。
　Wǒ zhǎodào le! Xièxie.

B 不客气。Bú kèqi.

问 文件在哪儿? Wénjiàn zài nǎr?

(2) A 高飞，你来了! Gāo Fēi, nǐ lái le!

B 不好意思，我来晚了。
　Bù hǎoyìsi, wǒ lái wǎn le.

A 没关系，你的护照带来了吗?
　Méi guānxi, nǐ de hùzhào dàilái le ma?

B 带来了，在我包里。
　Dàilái le, zài wǒ bāo li.

问 他把护照放在哪里?
　Tā bǎ hùzhào fàngzài nǎlǐ?

(1) A 샤오린, 너 내 문서 봤니?

B 내가 네 문서를 책상 위에 두었어. 잘 찾아봐.

A 찾았어! 고마워.

B 천만에.

질문 문서는 어디에 있나요?

(2) A 까오페이, 왔구나!

B 늦어서 미안해.

A 괜찮아, 여권은 가져왔어?

B 가져왔어, 내 가방 안에 있어.

질문 그는 여권을 어디에 두었나요?

(1) ②　　　　　　(2) ③

3 (1) 过去 guòqù　　　(2) 回去 huíqù　　　(3) 下来 xiàlái

4

(1) 天爱把文件找到了。 Tiān'ài bǎ wénjiàn zhǎodào le.	(1) 티엔아이는 문서를 찾았다.
(2) 展览的时候，他们把文物换了假的。 Zhǎnlǎn de shíhou, Tāmen bǎ wénwù huàn le jiǎ de.	(2) 전시할 때, 그들은 유물을 가짜로 바꿨다.
(3) 高飞公司有进出口的船。 Gāo Fēi gōngsī yǒu jìnchūkǒu de chuán.	(3) 까오페이의 회사에 수출입하는 배가 있다.

5 (1) 그가 이 유물들을 보호하고 싶어한다고 생각한다

(2) 高飞的公司 Gāo Fēi de gōngsī 까오페이의 회사

국장	우 선생이 왜 이 문서를 원하지?
린티엔아이	제 생각에 그는 이 유물들을 돌려놓고 싶어 하는 것 같아요.
국장	자네 말은 그도 이 유물들을 보호하고 싶어 한다는 건가?
린티엔아이	아마도요. 우 선생을 찾아볼까요?
국장	생각 좀 해 보지. 자네는 먼저 까오페이의 회사에 대해 잘 알아보도록 하게.
린티엔아이	알겠습니다.

단어 색인

冬天	dōngtiān	132(10화)
读	dú	65(5화)
队	duì	229(18화)
对	duì	205(16화)
对面	duìmiàn	233(18화)
多	duō	17(1화), 168(13화)

E

二十七	èrshíqī	17(1화)
多久	duō jiǔ	168(13화)
二十八	èrshíbā	17(1화)
二维码	èrwéimǎ	182(14화)

F

发生	fāshēng	196(15화)
法国	Fǎguó	92(7화)
饭店	fàndiàn	41(3화)
房间	fángjiān	185(14화)
放	fàng	233(18화)
飞机	fēijī	44(3화), 104(8화)
分钟	fēnzhōng	53(4화)

G

感兴趣	gǎn xìngqù	206(16화)
干净	gānjìng	132(10화)
高尔夫球	gāo'ěrfūqiú	171(13화)
告诉	gàosu	230(18화)
哥哥	gēge	91(7화)
给	gěi	33(2화), 182(14화)
更	gèng	185(14화)
公交车	gōngjiāochē	81(6화)
公斤	gōngjīn	205(16화)
工作日	gōngzuòrì	81(6화)
姑父	gūfu	117(9화)
姑姑	gūgu	117(9화)
故宫	Gùgōng	118(9화)
关	guān	155(12화), 196(15화)
国产	guóchǎn	181(14화)

国外	guówài	230(18화)
过	guò	33(2화)
过	guo	167(13화)
过敏	guòmǐn	205(16화)

H

还	hái	158(12화), 185(14화)
还是	háishi	206(16화)
韩语	Hányǔ	54(4화)
汉语	Hànyǔ	66(5화)
汉字	Hànzì	66(5화)
好	hǎo	91(7화)
好吃	hǎochī	120(9화), 128(10화)
好看	hǎokàn	65(5화)
好玩(儿)	hǎowán(r)	128(10화)
黑色	hēisè	108(8화)
后	hòu	53(4화)
后面	hòumiàn	41(3화)
互相	hùxiāng	208(16화)
护照	hùzhào	230(18화)
画	huà	105(8화)
画家	huàjiā	106(8화)
坏	huài	233(18화)
欢迎	huānyíng	68(5화)
换	huàn	229(18화)
换车	huàn chē	44(3화)
回家	huíjiā	91(7화)
回来	huílái	53(4화)
会	huì	65(5화)
会议	huìyì	79(6화)
活动	huódòng	181(14화)
火车	huǒchē	78(6화)

J

机场	jīchǎng	44(3화), 217(17화)
家	jiā	41(3화)
假	jiǎ	229(18화)
监控室	jiānkòngshì	155(11화)

다락원 홈페이지에서
MP3 파일 다운로드 및
실시간 재생 서비스

웹툰 중국어
나의 아름다운 이웃 ❷ 我的美邻

저자 窦敬壹(主编)
　　　주민경·周鼎(编著)
그림 陈昊
펴낸이 정규도
펴낸곳 (주)다락원

초판 1쇄 발행 2023년 4월 28일

기획·편집 이원정, 이상윤
디자인 박나래
조판 최영란
사진 Shutterstock
일러스트 段君伟, 王雅欣, 邓茗升

다락원 경기도 파주시 문발로 211
전화 (02)736-2031 (내선 250~252 / 내선 430, 439)
팩스 (02)732-2037
출판등록 1977년 9월 16일 제406-2008-000007호

ISBN 978-89-277-2310-3 14720
　　　　978-89-277-2284-7 (set)

Photo Credits
DenPhotos (p.45) | Sunshine Seeds (p.45) | maoyunping (p.46) |
Tarek Islam (p.46) | William Perugini (p.82) | hanohiki (p.82) |
Songquan Deng (p.82) | IGSSPHOTO (p.82) |
Sundry Photography (p.109) | TonyV3112 (p.109) |
Victoria Shapiro (p.133) | ChebanenkoAnn (p.146)

www.darakwon.co.kr
다락원 홈페이지를 방문하시면 상세한 출판 정보와 함께 동영상 강좌,
MP3 자료 등 다양한 어학 정보를 얻으실 수 있습니다.